빠른 합격, MOS 365 시험 완벽 대비!

MOS 365
Word
Associate

 # 머리말

과학 기술의 발전으로 업무 환경이 모두 디지털화됨에 따라 Microsoft Office는 단순한 문서 편집 프로그램을 넘어 조직의 생산성과 직결되는 핵심 플랫폼으로 자리 잡았습니다. 특히 Microsoft 365는 클라우드 기반의 협업, 자동 저장, AI 보조 기능 등으로 한층 진화된 오피스 환경을 제공하며 개인과 조직 모두에게 새로운 업무 방식과 기회를 제시하고 있습니다. 이처럼 변화한 업무 환경에서는 Office 도구를 실제 업무 흐름 속에 능숙하게 활용할 수 있는 능력이 중요하며 이 능력을 객관적으로 증명할 수 있는 국제 자격이 바로 Microsoft Office Specialist(MOS) 365 자격증입니다.

MOS 365는 단순한 자격증이 아닙니다.

MOS 자격증은 오피스의 기본 기능을 암기하는 수준을 넘어 실제 업무 시나리오에 맞춰 Office를 어떻게 활용할 수 있는지 평가합니다. 즉, 단순히 버튼을 아는 것이 아니라, 주어진 과업을 효과적으로 해결할 수 있는 능력을 보는 시험입니다. 이는 곧, 시험을 준비하는 과정 자체가 실무 능력 향상의 과정이 되는 셈입니다. MOS 365는 최신 Microsoft 365 기능을 기반으로 구성되어 데이터 시각화, 스마트 자동화 기능 등을 포함한 최신 업무 환경에 대응할 수 있는 실질적 역량을 길러줍니다. 자격증 취득은 단지 하나의 목표가 아닌, 여러분이 미래의 디지털 업무 환경에서 자신 있게 업무를 수행할 수 있는 준비가 되었다는 신호입니다.

MOS 365 자격증 취득을 위한 빠른 길을 안내합니다.

MOS 365 자격증 시험은 그 범위가 넓고 기능이 다양해 어디서부터 어떻게 시작할지 막막한 경우가 많습니다. 이 책은 그러한 고민을 해결해 줄 수 있도록 다음 세 가지 방향을 중심으로 기획하고 집필했습니다. 첫째, 수험생에게 가장 먼저 다가갈 수 있도록 구성했습니다. MOS 365 자격증 시험이 새롭게 개편되면서 출제 경향과 시험 환경에 적응하는 것도 수험생에게는 큰 부담입니다. 본서는 MOS 365 정식 시험 출제 구조와 경향을 반영하여 시험에 처음 도전하는 학습자도 쉽게 이해하고 준비할 수 있도록 구성하였습니다. 또한, 실제 시험과 유사한 문제 유형과 흐름으로 실전 감각을 익히는 데 효과적입니다.

둘째, 시험 합격 가능성을 높이는 효율적인 학습 구조입니다. 오랜 기간 MOS 강의를 진행한 전문 강사진이 출제 경향을 철저히 분석하여 기능별 중요도를 상·하로 구분하고 출제 가능성이 높은 항목은 반복적으로 연습할 수 있도록 내용을 구성했습니다. 그리하여 단기간 내에 자격증 취득을 원하는 학습자는 핵심만 집중하여 빠르게 학습을 끝낼 수 있습니다. 셋째, 초보자도 흐름을 따라갈 수 있도록 체계적으로 설계했습니다. 각 단원은 기능 설명 → 예시 화면 → 실습 → 자가 점검의 흐름으로 구성되어 실제 화면을 중심으로 직관적인 설명을 제공해 처음 Office를 접하거나 IT에 익숙하지 않은 분들도 충분히 혼자 학습을 이어갈 수 있습니다. 또한, 실습 중 혼동할 수 있는 부분은 팁을 통해 친절하게 안내합니다.

자격증은 시작일 뿐, 여러분의 성장 여정을 위한 디딤돌입니다.
MOS 365 자격증은 단순히 시험에 합격했다는 것을 넘어, 여러분이 Office의 핵심 기능을 실제 업무에 적용할 수 있는 사람임을 객관적으로 증명해 주는 강력한 도구입니다. 이는 곧 취업, 승진, 이직 등 인생의 중요한 순간에서 여러분의 역량을 나타내는 결정적인 무기가 될 수 있습니다. 하지만 더 중요한 것은 이 책을 통해 여러분이 Office 도구를 '도구 그 이상'으로 활용할 수 있는 감각을 익히게 되는 것입니다. 단지 자격증을 따기 위해서가 아니라 여러분의 실무 능력을 한 단계 더 성장시키기 위해, 이 책은 탄탄한 기반과 반복 가능한 학습 설계를 갖추었습니다.

여러분의 합격을 진심으로 응원합니다.
이 책은 여러분이 단 한 번에 합격할 수 있도록 돕는 것을 목표로 하며 동시에 Office를 보다 전략적으로, 능동적으로 활용할 수 있는 디지털 전문가로 성장할 수 있는 기반을 제공합니다. 여러분의 시간과 노력이 헛되지 않도록 이 책이 가장 실용적인 안내서가 되어줄 것입니다. 자격증 취득의 첫걸음부터 실무 활용까지 여러분의 여정을 진심으로 응원합니다. 감사합니다.

김경희·오해강

MOS 365 소개

⊘ MOS란?

MOS(Microsoft Office Specialist)는 마이크로소프트 오피스 프로그램 활용 능력을 검증하는 자격증으로 150개국 이상에서 인정하고 마이크로소프트사가 공식 인증하는 국제 인증 자격시험입니다. 시험은 실기 시험으로만 진행되며 Excel, Word, PowerPoint에 대한 활용 능력을 평가합니다. 시작부터 종료까지 100% 컴퓨터 상에서 진행되는 CBT(Computer Based Test) 방식으로 정확한 평가와 더불어 시험 종료 즉시 결과를 확인할 수 있습니다.

⊘ MOS 활용

현재 170여 개국, 9,500여 개 시험 센터에서 시행되는 MOS 국제 자격증은 세계 어디서나 인정받을 수 있습니다. 미국에서는 이미 보편화된 자격증으로 국내에서는 취업 자격을 갖추고자 하는 대학생들과 직장인들의 승진 및 인사고과 자료에 적극 활용되고 있습니다.

⊘ MOS 시험 개요

- ▶ **응시자격** : 제한 없음
- ▶ **시험구성** : 과목당 15~40문제로 구성되며, Associate(일반), Expert(상급) 모두 50분간 진행/종료 후 결과 확인
- ▶ **시험진행** : 전국 시험 센터에서 진행, 실기 100%
- ▶ **시험일정** : 상시 시험(월요일~일요일), 센터별 상이
- ▶ **시험접수** : 응시일 2일 전까지 접수 가능

⊘ MOS 365의 특징

MOS 365 시험은 단편적인 기능 중심의 문제가 많이 출제되었던 MOS 2016 시험과 다르게 실무 환경을 반영한 시나리오 기반 문제가 강화되어 사용자가 실제 업무를 처리하는 것처럼 여러 기능을 조합해 문제를 해결해야 고득점을 받을 수 있습니다. 또한, MOS 2016 시험에서는 지원되지 않았거나 제한적으로 사용되었던 자동 저장, 새로운 차트 유형, 동적 배열 함수 등 Office 최신 기능이 다수 포함되어 있습니다.

⊘ MOS 365 합격 기준

1,000점 만점으로 보통 700점 이상이면 합격입니다. 다만, 과목별 또는 자격증 레벨별로 시험 난이도가 달라 합격 점수가 약간 조정될 수도 있습니다.

⊘ 자격증 레벨

▶ MOS 365 버전은 Word, Excel, PowerPoint 총 3과목이 시행되고 있으며, Word와 Excel은 Expert 레벨이 추가로 시행됩니다.

레벨	설명	자격증
Expert	특정 MS Office 응용프로그램 전문가 수준	Excel(Expert) Word(Expert)
Associate	특정 MS Office 응용프로그램을 능숙하게 다룰 수 있는 수준	Excel(Associate) Word(Associate) PowerPoint(Associate)

✓ MOS 365 평가항목

▶ Excel 365 Associate 평가항목 | 시험시간 : 50분 / 합격 점수 1,000점 중 700점 이상

평가 영역	시험구성
워크시트 및 통합 문서 관리	통합 문서 데이터 가져오기 통합 문서 탐색 워크시트 및 통합 문서 서식 지정 옵션 및 보기 사용자 정의 공동 작업 및 배포를 위한 통합 문서 준비
데이터 셀 및 범위 관리	워크시트 데이터 작성, 셀 및 범위 서식 지정 셀 범위 정의 및 참조, 데이터 시각적 요약
테이블 데이터 관리	테이블 생성 및 서식 지정, 테이블 수정 테이블 데이터 필터링 및 정렬
수식과 함수 사용	참조 삽입, 데이터 계산 및 변환, 텍스트 서식 지정 및 수정
차트 관리	차트 만들기, 차트 수정 차트 서식 지정

▶ Word 365 Associate 평가항목 | 시험시간 : 50분 / 합격 점수 1,000점 중 700점 이상

평가 영역	시험구성
문서 관리	문서 탐색, 문서 서식 적용, 문서 저장 및 공유, 문서 검사
텍스트, 단락, 구역 삽입 및 서식 적용	텍스트 삽입 텍스트 및 단락 서식 적용 문서 구역 생성 및 구성
표 및 목록 관리	표 만들기, 표 수정, 목록 만들기 및 수정
참조 생성 및 관리	각주, 미주 생성 및 관리, 목차 생성 및 관리
개체 삽입 및 서식 적용	그림 및 텍스트 상자 삽입 그림 및 텍스트 상자 서식 지정 SmartArt 텍스트 추가 SmartArt 수정
문서 공동작업 관리	댓글 추가 및 관리, 변경 내용 추적 관리

▶ PowerPoint 365 Associate 평가항목 | 시험시간 : 50분 / 합격 점수 1,000점 중 700점 이상

평가 영역	시험구성
프레젠테이션 관리	슬라이드, 유인물, 슬라이드 노트 마스터 수정 프레젠테이션 옵션 및 보기 변경 프레젠테이션에 대한 인쇄 설정 구성 슬라이드 쇼 구성 및 표시 공동 작업 및 배포를 위한 프레젠테이션 준비
슬라이드 관리	슬라이드 삽입 슬라이드 수정 슬라이드 순서 변경 및 그룹화
텍스트, 도형, 이미지 삽입 및 서식지정	텍스트 서식 지정 링크 삽입 이미지 삽입 및 서식 지정 그래픽 요소 삽입 및 서식 지정 슬라이드 콘텐츠 순서 지정, 정렬 및 그룹화
테이블, 차트, Smart Art 삽입, 3D모델 및 미디어 삽입	테이블 삽입 및 서식 지정 차트 삽입 및 수정 Smart Art 삽입 및 서식 지정 3D 모델 삽입 및 수정 미디어 삽입 및 관리
슬라이드 전환 및 애니메이션 적용	슬라이드 전환 적용 및 구성 슬라이드 내용에 애니메이션 적용

 주요 화면 구성

✓ MOS 365 Word 시험 화면 구성

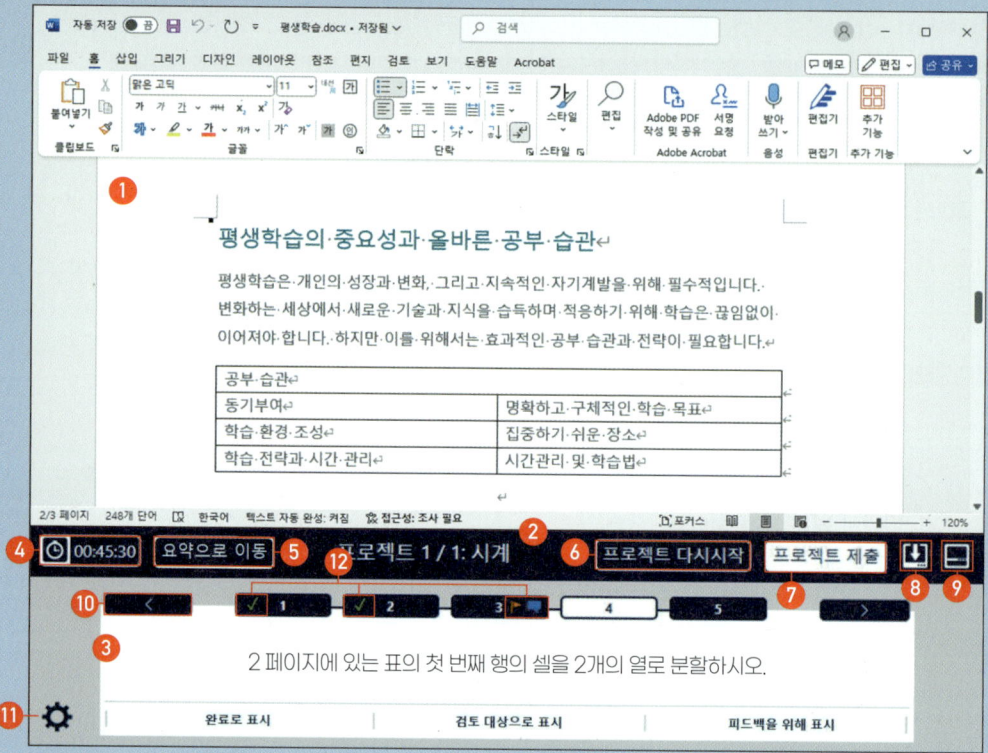

① **프로젝트 파일** : 프로젝트 파일에서 시험 문제를 해결합니다.

② **분할줄** : 시험 패널 및 프로젝트 파일 영역의 높이를 변경할 수 있습니다.

③ **시험 패널** : 수행해야 하는 과제가 표시됩니다.

④ **타이머** : 남은 시험 시간을 표시합니다.

⑤ **요약으로 이동** : 모든 프로젝트 작업을 한눈에 볼 수 있는 요약 화면으로 특정 작업으로 돌아가려면 해당 작업을 클릭합니다.

⑥ **프로젝트 다시 시작** : 프로젝트 내에 있는 모든 작업을 초기화합니다.

⑦ **프로젝트 제출** : 모든 작업을 완료한 후 해당 버튼을 클릭해 변경 사항을 저장하고 다음 프로젝트로 이동합니다.

⑧ **시험 패널 최소화** : 시험 패널을 최소화하여 프로젝트 파일 공간을 확보할 수 있습니다. 다른 작업을 표시하거나 이동하려면 패널을 다시 확장해야 합니다.

⑨ **시험 패널 복원** : 프로젝트 파일 및 시험 패널을 기본 구성으로 복원합니다.

⑩ **작업 간 이동** : 작업 탭을 클릭하거나 이전 또는 다음 작업 버튼을 클릭해 작업 간 이동할 수 있습니다.

⑪ **설정** : 설정 메뉴에서 도움말을 보거나 시험 패널의 배율을 변경할 수 있습니다. 시험 패널의 배율은 Ctrl + + (확대), Ctrl + - (축소), Ctrl + 0 (복원) 키를 눌러서 변경합니다.

⑫ **선택 사항** : 작업 탭과 시험 요약에서 진행 사항을 표시할 수 있습니다.

⊘ Word 화면 구성

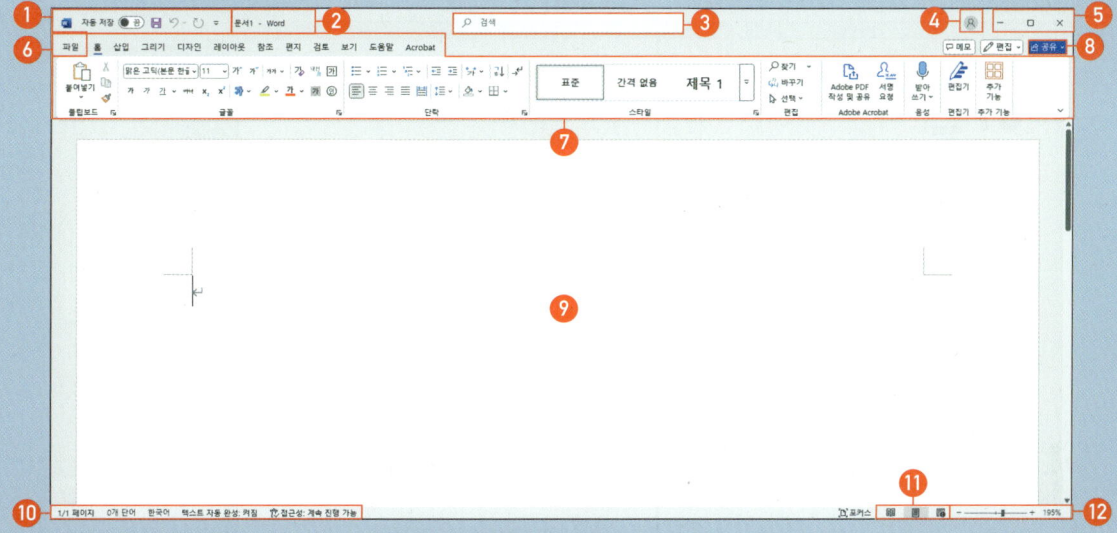

① **빠른 실행 도구 모음** : 저장, 실행 취소, 다시 실행 등이 기본적으로 제공되며 자주 사용하는 명령을 등록하여 빠르게 사용할 수 있습니다.
② **제목 표시줄** : 현재 열려 있는 파일의 이름을 표시합니다.
③ **검색** : 단순한 도움말 검색뿐만 아니라 명령 실행, 기능 탐색, 문서 검색, 도움말 찾기까지 가능한 스마트 검색 도구입니다.
④ **사용자 이름 및 사진** : Microsoft Office 2013부터 Microsoft cloud 서비스인 OneDrive의 사용자 계정을 표시합니다.
⑤ **작업 창 조정** : 워드 프로그램을 종료하거나 최대화, 최소화할 때 사용합니다.
⑥ **[파일] 탭** : 문서의 저장, 열기, 닫기, 새 문서 만들기와 인쇄 작업 등을 할 수 있습니다.
⑦ **리본 메뉴** : 탭과 그룹으로 구성되어 있으며 명령들이 아이콘 형태로 나누어져 있습니다.
⑧ **공유** : 클라우드에 저장된 문서를 다른 사용자와 공유할 수 있습니다.
⑨ **문서 편집 창** : 문서를 작성하거나 편집할 수 있습니다.
⑩ **상태 표시줄** : 현재 편집 중인 문서의 상태(페이지 위치, 단어 수, 언어 설정 등)를 표시합니다.
⑪ **화면 보기 단추** : 읽기 모드, 인쇄 모양, 웹 모양으로 구성되어 있으며 원하는 보기 형태로 바로 이동할 수 있습니다.
⑫ **확대/축소** : 문서 편집 창의 화면 보기 배율을 드래그해 확대하거나 축소할 수 있습니다.

이 책의 구성

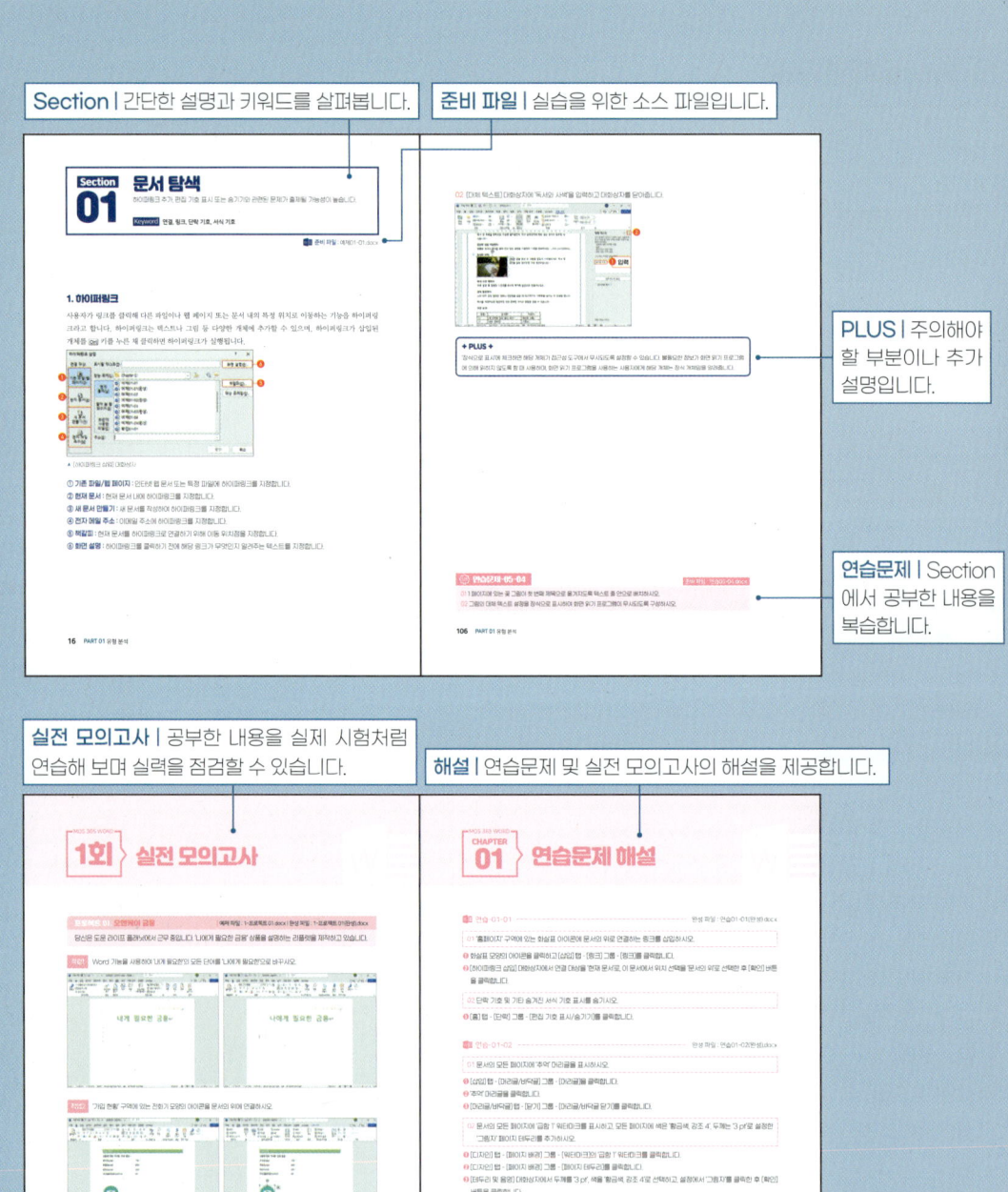

소스 파일 다운로드

1. 시대에듀 홈페이지(https://www.edusd.co.kr/book)에 접속한 후 로그인합니다.
   * 시대에듀 회원이 아닌 경우 [회원가입]을 클릭하여 가입을 완료한 후 로그인합니다.

2. 홈페이지 메뉴에서 프로그램을 선택합니다.
   * 홈페이지의 리뉴얼에 따라 위치나 텍스트 표현이 변경될 수 있습니다.

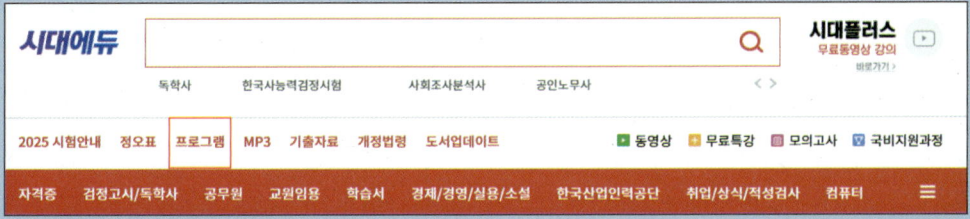

3. 프로그램 자료실 화면이 나타나면 책 제목을 검색합니다. 검색된 결과 목록에서 해당 도서의 자료를 찾아 제목을 클릭합니다.

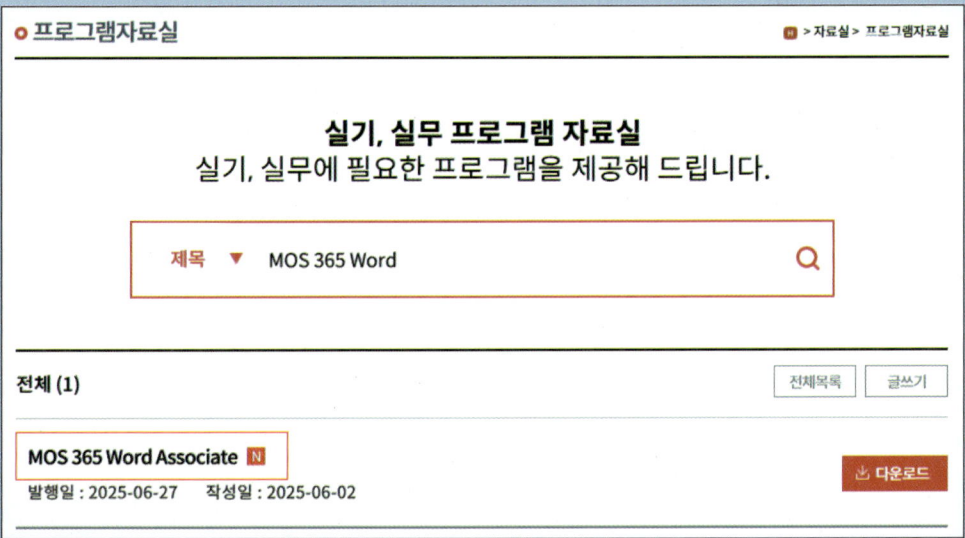

 목차

| PART 1 | 유형 분석

Chapter 1 | 문서 관리
Section 01 문서 탐색　　　　　　　　　　　　　　16
Section 02 문서 서식 적용　　　　　　　　　　　　20
Section 03 문서 저장 및 공유　　　　　　　　　　　27
Section 04 문서 검사　　　　　　　　　　　　　　33

Chapter 2 | 텍스트, 단락, 구역 삽입 및 서식 적용
Section 01 텍스트 삽입　　　　　　　　　　　　　38
Section 02 텍스트 및 단락 서식 적용　　　　　　　46
Section 03 문서 스타일 설정　　　　　　　　　　　51
Section 04 문서 구역 생성 및 구성　　　　　　　　53

Chapter 3 | 표 및 목록 관리
Section 01 표 만들기　　　　　　　　　　　　　　58
Section 02 표 수정　　　　　　　　　　　　　　　64
Section 03 목록 만들기 및 수정　　　　　　　　　　73

Chapter 4 | 참조 생성 및 관리
Section 01 각주, 미주 생성 및 관리　　　　　　　　83
Section 02 목차 생성 및 관리　　　　　　　　　　　87

Chapter 5 | 개체 삽입 및 서식 적용

Section 01 그림 및 SmartArt 그래픽 삽입   89
Section 02 그림 및 SmartArt 그래픽 수정   93
Section 03 그래픽 요소에 텍스트 추가   102
Section 04 그래픽 요소 수정   104

Chapter 6 | 문서 공동 작업 관리

Section 01 댓글 추가 및 관리   108
Section 02 변경 내용 추적 관리   113

| PART 2 | 실전 문제

Chapter 1 | 실전 모의고사

1회 실전 모의고사   118
2회 실전 모의고사   134

| PART 3 | 문제 해설

Chapter 1 | 연습문제 및 실전 모의고사 해설

연습문제 해설   152
실전 모의고사 해설   162

PART 01
유형 분석

Word

CHAPTER 01

문서 관리

편집 기호, 하이퍼링크, 페이지 설정, 머리글/바닥글 등 문서의 시각적 구성 및 형식을 조정하는 문제와 문서 속성 설정, 저장, 검사 및 변환 등 문서를 효율적으로 관리하는 기능 관련 문제가 출제될 가능성이 높습니다.

Section 01 문서 탐색
Section 02 문서 서식 적용
Section 03 문서 저장 및 공유
Section 04 문서 검사

Section 01 문서 탐색

하이퍼링크 추가, 편집 기호 표시 또는 숨기기와 관련된 문제가 출제될 가능성이 높습니다.

Keyword 연결, 링크, 단락 기호, 서식 기호

준비 파일 : 예제01-01.docx

1. 하이퍼링크

사용자가 링크를 클릭해 다른 파일이나 웹 페이지 또는 문서 내의 특정 위치로 이동하는 기능을 하이퍼링크라고 합니다. 하이퍼링크는 텍스트나 그림 등 다양한 개체에 추가할 수 있으며, 하이퍼링크가 삽입된 개체를 Ctrl 키를 누른 채 클릭하면 하이퍼링크가 실행됩니다.

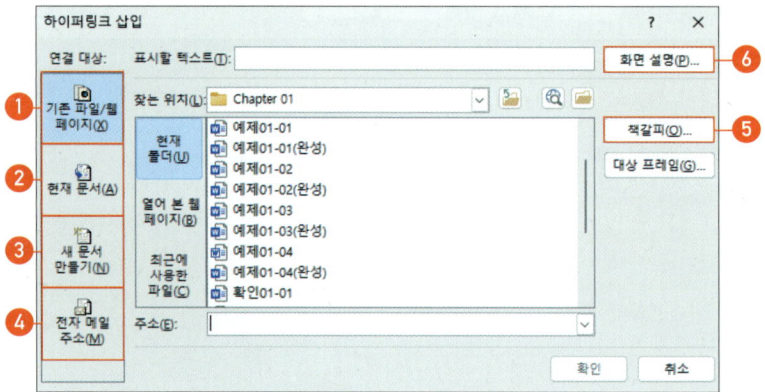

▲ [하이퍼링크 삽입] 대화상자

① **기존 파일/웹 페이지** : 인터넷 웹 문서 또는 특정 파일에 하이퍼링크를 지정합니다.
② **현재 문서** : 현재 문서 내에 하이퍼링크를 지정합니다.
③ **새 문서 만들기** : 새 문서를 작성하여 하이퍼링크를 지정합니다.
④ **전자 메일 주소** : 이메일 주소에 하이퍼링크를 지정합니다.
⑤ **책갈피** : 현재 문서를 하이퍼링크로 연결하기 위해 이동 위치점을 지정합니다.
⑥ **화면 설명** : 하이퍼링크를 클릭하기 전에 해당 링크가 무엇인지 알려주는 텍스트를 지정합니다.

> **예제 01**
> ★★★
> 'STP 분석' 구역에 있는 집 모양의 아이콘에 문서의 위로 연결하는 링크를 삽입하시오.

01 집 모양의 아이콘을 클릭하고 [삽입] 탭 - [링크] 그룹 - [링크]를 클릭합니다.

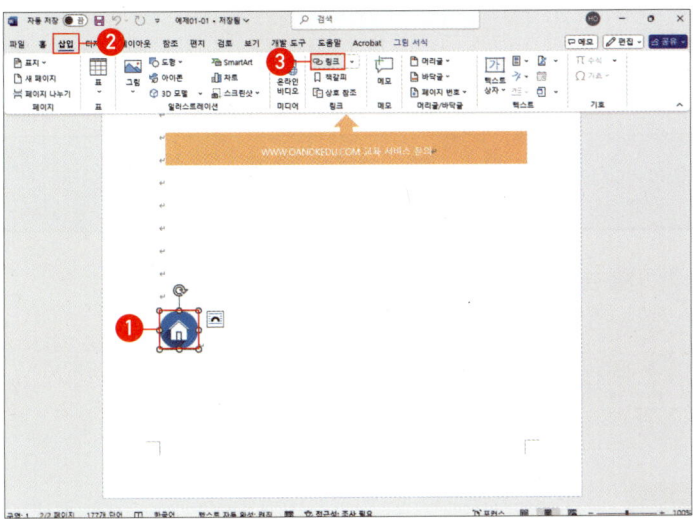

02 [하이퍼링크 삽입] 대화상자에서 연결 대상을 '현재 문서'로, 이 문서에서 위치 선택을 '문서의 위'로 선택한 후 [확인] 버튼을 클릭합니다.

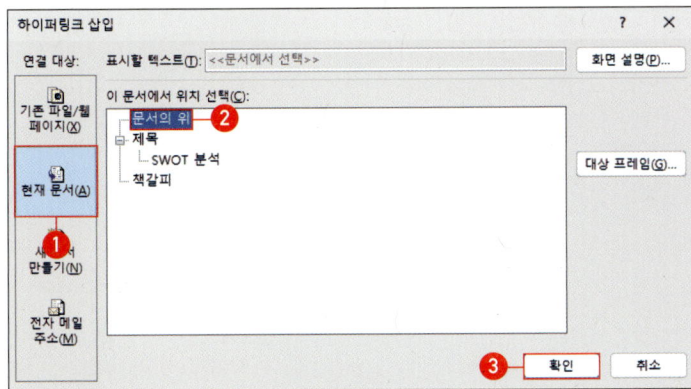

> **+ PLUS +**
> Ctrl 키를 누른 상태에서 집 모양의 아이콘을 클릭하면 문서의 위로 이동하는 것을 확인할 수 있습니다. 하이퍼링크를 해제하려면 해당 아이콘을 마우스 오른쪽 버튼으로 클릭하고 바로 가기 메뉴에서 [하이퍼링크 제거]를 클릭합니다.

2. 편집 기호 표시/숨기기

편집 기호 표시 또는 숨기기 기능은 공백, 단락, 탭 표시와 같이 숨겨진 단락 기호 및 서식 기호를 표시하거나 다시 숨기는 기능입니다. 이 기능은 고급 레이아웃 작업을 할 때 유용하게 활용할 수 있습니다. 편집 기호 표시 또는 숨기기를 실행하려면 [홈] 탭 – [단락] 그룹 – [편집 기호 표시/숨기기]를 클릭하거나 Ctrl + * 키 또는 Ctrl + Shift + 8 키를 누릅니다.

> **예제 02** ★★★ 　 홈 탭에서 단락 기호 및 기타 숨겨진 서식 기호를 표시하시오.

01 [홈] 탭 - [단락] 그룹 - [편집 기호 표시/숨기기]를 클릭합니다.

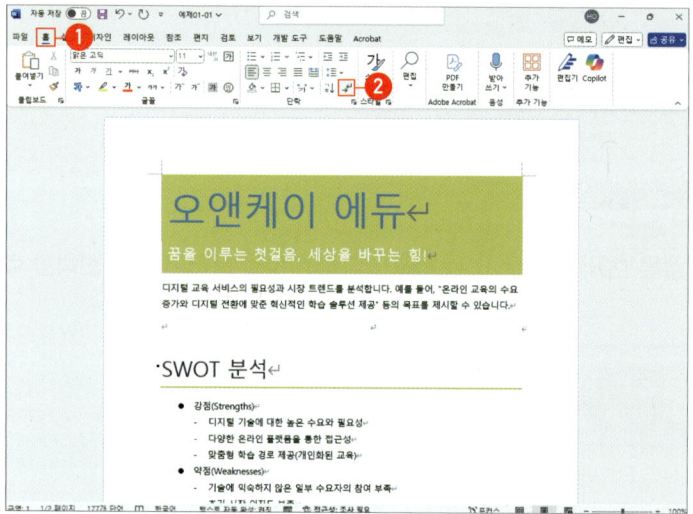

02 문서의 공백, 단락, 탭 표시와 같은 숨겨진 단락 기호 및 서식 기호가 표시되는 것을 확인할 수 있습니다.

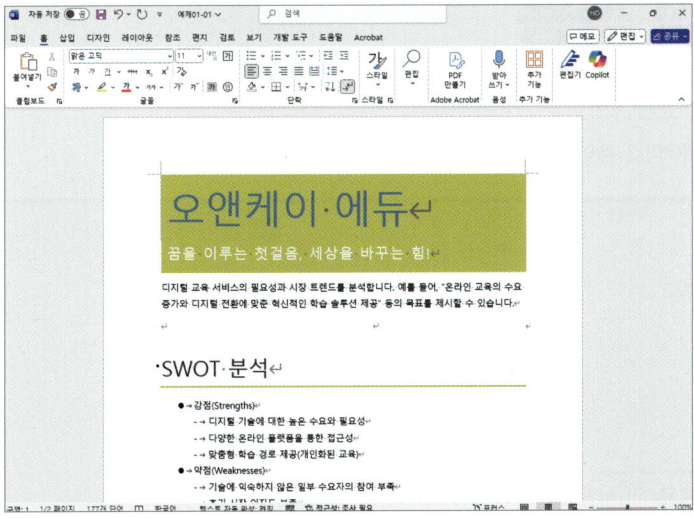

준비 파일 : 연습01-01.docx

01 '홈페이지' 구역에 있는 화살표 아이콘에 문서의 위로 연결하는 링크를 삽입하시오.
02 단락 기호 및 기타 숨겨진 서식 기호 표시를 숨기시오.

Section 02 문서 서식 적용

문서의 용지 크기를 변경하는 페이지 설정 문제와 페이지 배경 및 머리글/바닥글을 추가하는 문제가 출제될 가능성이 높습니다.

Keyword 용지 크기, 워터마크, 페이지 색, 페이지 테두리, 머리글, 바닥글

준비 파일 : 예제01-02.docx

1. 페이지 설정

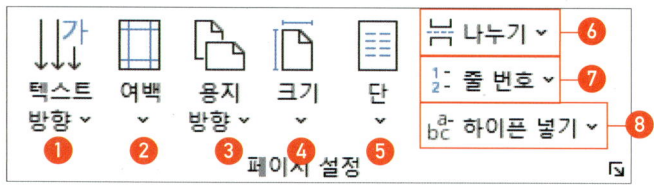

▲ [레이아웃] 탭 - [페이지 설정] 그룹

① **텍스트 방향** : 문서나 텍스트의 방향을 가로, 세로 또는 90도 회전, 270도 회전으로 지정할 수 있습니다.
② **여백** : 문서 또는 선택된 구역에 대한 여백을 지정하거나, [사용자 지정 여백]을 클릭해 사용자가 직접 여백을 지정할 수 있습니다.
③ **용지 방향** : 페이지 레이아웃을 가로 또는 세로로 지정할 수 있습니다.
④ **크기** : 용지의 기본 크기는 A4용지로 설정되어 있지만, 사용자가 직접 용지의 크기를 입력해 지정할 수 있습니다.
⑤ **단** : 텍스트를 둘 이상의 단으로 나눈 후 단의 너비와 간격, 구분선 등을 지정할 수 있습니다.
⑥ **나누기** : 현재 문서의 위치에서 페이지 나누기, 구역 나누기 등을 지정할 수 있습니다.
⑦ **줄 번호** : 텍스트 줄 여백에 특정 줄 번호를 빠르게 참조할 수 있습니다.
⑧ **하이픈 넣기** : 한 단어의 길이가 길어 입력할 공간이 부족할 경우에 단어가 다음 줄로 넘어가지 않도록 하이픈으로 연결할 수 있습니다. 특히 긴 영어 단어를 입력할 때 유용하며, 이 기능을 사용하면 글자의 간격이 균일해져 문서의 공간이 절약됩니다.

> **예제 01** ★★★ 　문서의 용지 크기를 A4로 설정하시오.

01 [레이아웃] 탭 - [페이지 설정] 그룹 - [크기] - [A4]를 클릭합니다.

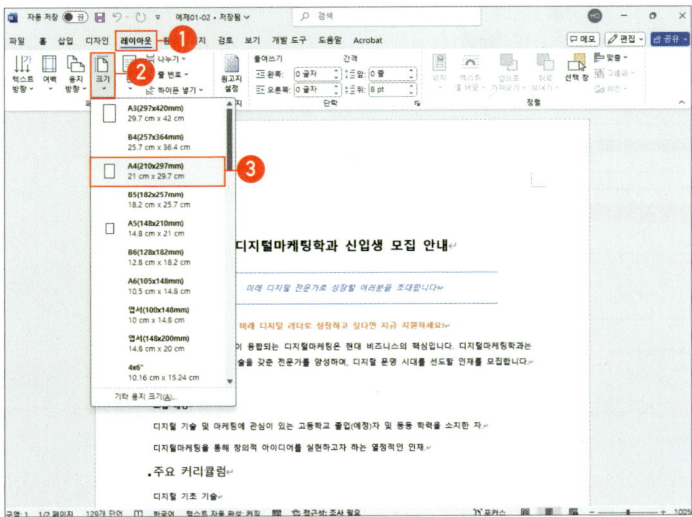

2. 머리글/바닥글

머리글/바닥글은 일반적으로 문서에 반복적으로 나타나는 정보(예: 문서 제목, 페이지 번호, 날짜 등)를 포함합니다. 머리글/바닥글은 전체 페이지에 자동으로 반복되며, 특히 페이지 번호를 삽입하는 용도로 많이 사용됩니다. 홀수 페이지와 짝수 페이지에 서로 다른 머리글과 바닥글을 입력해 내용을 구분할 수 있으며, 머리글/바닥글이 제대로 입력되지 않거나 입력할 공간이 부족할 경우에는 머리글/바닥글 영역의 크기를 조절하여 공간을 확보하면 됩니다.

예제 02 ★★★ 문서의 모든 페이지에 '줄무늬' 머리글을 표시하시오.

01 [삽입] 탭 - [머리글/바닥글] 그룹 - [머리글]을 클릭하고 '줄무늬' 머리글을 선택합니다.

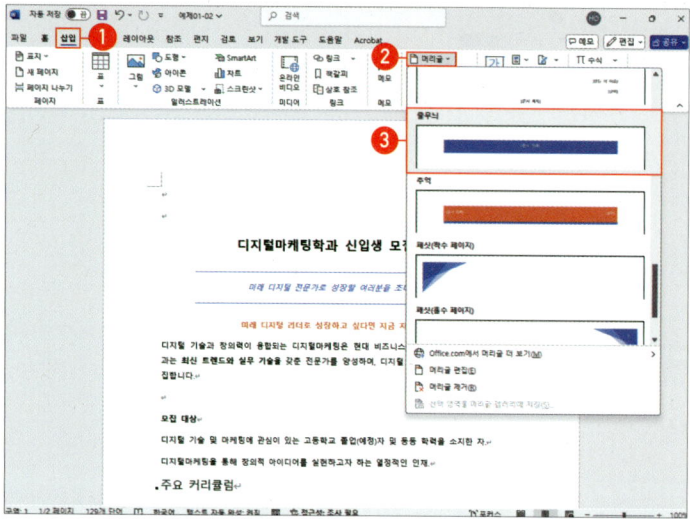

02 [머리글/바닥글] 탭 - [닫기] 그룹 - [머리글/바닥글 닫기]를 클릭합니다.

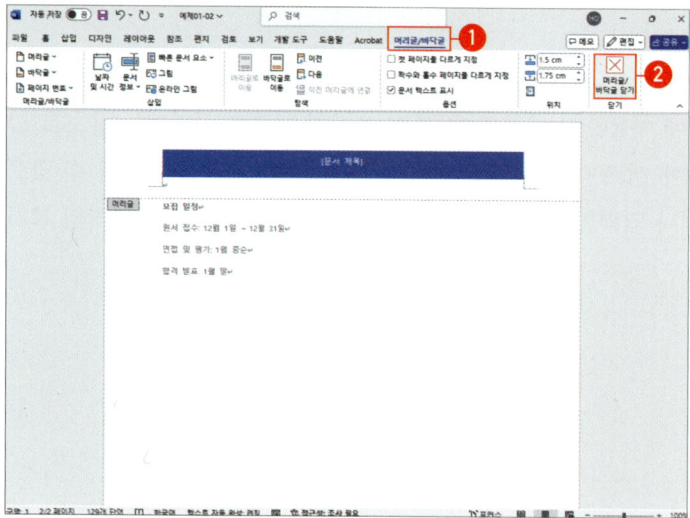

3. 페이지 배경

1 워터마크

워터마크는 페이지 배경에 삽입하는 그림이나 텍스트입니다. '긴급', '기밀', '복사 금지' 등의 내용을 워터마크로 표시함으로써 문서를 관리할 수 있습니다. 워터마크는 페이지 배경에 희미하게 표시되기 때문에 내용에는 영향을 주지 않으며, 기본 워터마크를 삽입하거나 사용자가 워터마크를 직접 만들어서 삽입할 수 있습니다.

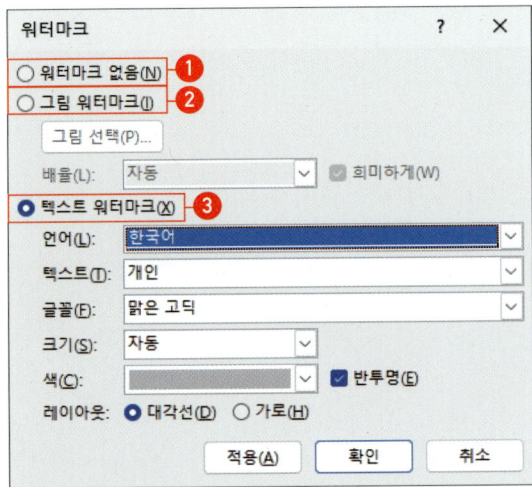

▲ [워터마크] 대화상자

① **워터마크 없음** : 이미 삽입된 워터마크를 제거합니다.
② **그림 워터마크** : 그림의 크기와 투명도를 설정하여 워터마크로 삽입할 수 있습니다.
③ **텍스트 워터마크** : 텍스트의 글꼴, 크기, 색, 반투명, 레이아웃(텍스트 방향)을 설정해 워터마크로 삽입할 수 있습니다.

2 페이지 색

Word 문서의 기본 배경 색은 '흰색'으로 설정되어 있지만, '테마 색'이나 '표준 색'에서 페이지의 배경 색을 변경하거나 [다른 색] 을 클릭해 사용자가 직접 원하는 색을 선택할 수 있습니다. 이때 'RGB' 모델은 Red(빨강), Green(초록), Blue(파랑)를 조합하여 색을 만드는 방식이고, 'HSL' 모델은 Hue(색상), Saturation(채도), Lightness(밝기)를 조정하여 색을 만드는 방식입니다. 두 가지 모델 모두 '0~255' 사이의 숫자를 입력해 색상을 조정할 수 있습니다. 페이지 배경 색을 설정하면 개성 있는 문서로 디자인할 수 있으니 참고합니다.

3 페이지 테두리

전체 문서나 선택한 구역에 테두리를 적용할 수 있습니다. 만약 적용한 테두리를 제거하고 싶다면 [테두리 및 음영] 대화상자의 설정에서 '없음'을 선택합니다.

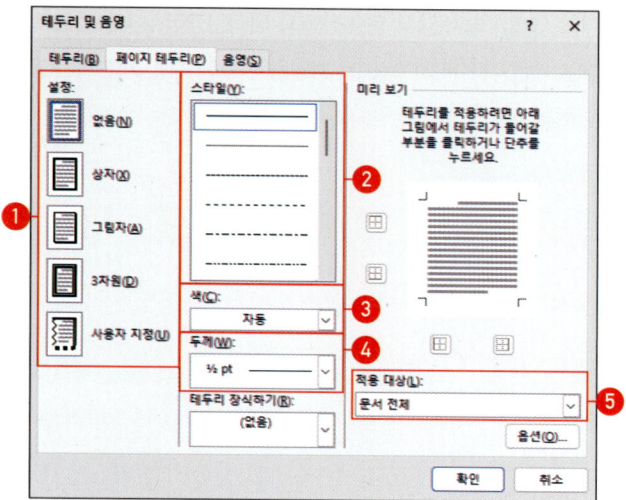

▲ [테두리 및 음영] 대화상자

① **설정** : 테두리의 기본 형태를 선택합니다.
② **스타일** : 테두리의 스타일을 설정합니다.
③ **색** : 테두리의 색을 설정합니다.
④ **두께** : 테두리의 선 두께를 설정합니다.
⑤ **적용 대상** : 테두리를 적용할 영역을 선택합니다.

| 예제 03 ★★★ | 문서의 모든 페이지에 '초안 2' 워터마크를 표시하고, 모든 페이지에 테두리 두께를 '1 pt', 테두리 색을 '파랑, 강조 5'로 설정한 '상자' 페이지 테두리를 추가하시오.

01 [디자인] 탭 - [페이지 배경] 그룹 - [워터마크]를 클릭합니다.

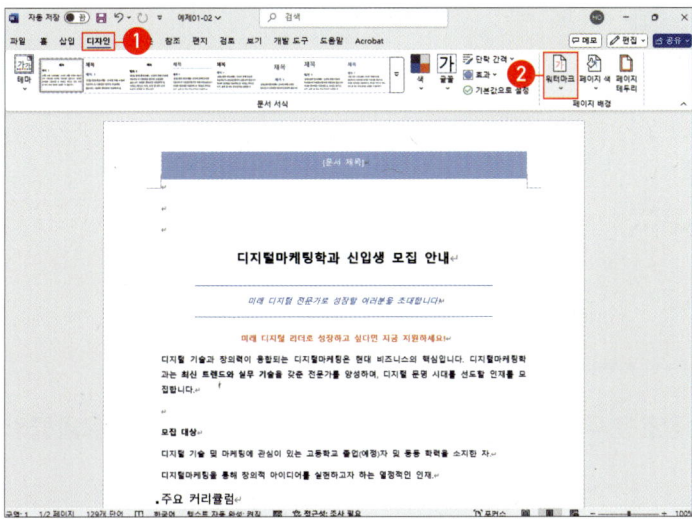

02 '초안 2' 워터마크를 클릭합니다.

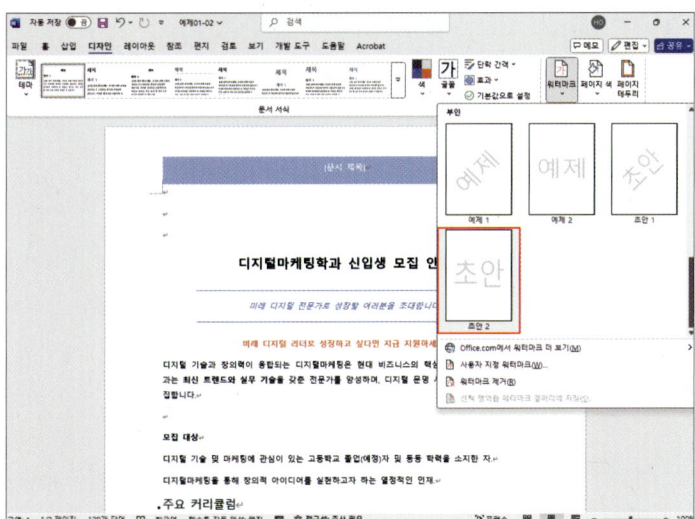

03 [디자인] 탭 - [페이지 배경] 그룹 - [페이지 테두리]를 클릭합니다.

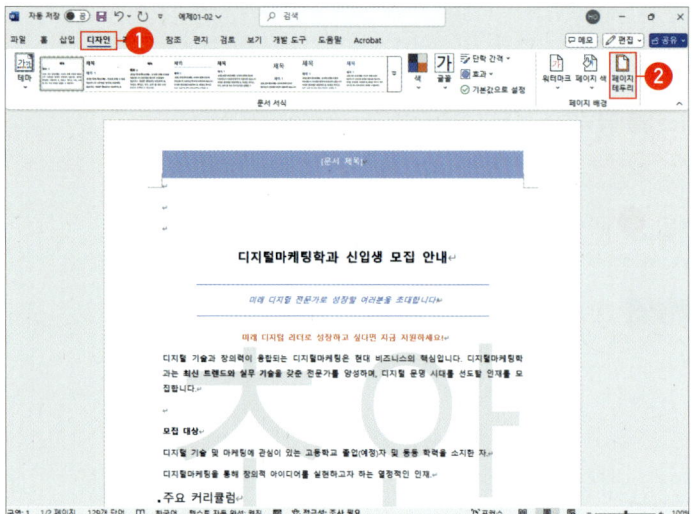

04 [테두리 및 음영] 대화상자에서 색을 '파랑, 강조 5', 두께를 '1 pt', 설정을 '상자'로 선택한 후 [확인] 버튼을을 클릭합니다.

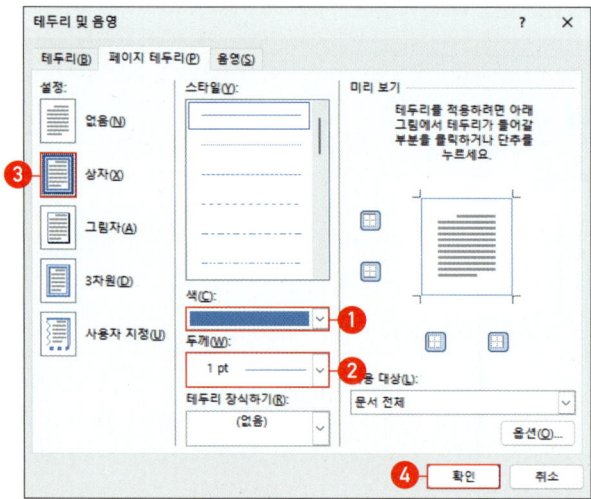

연습문제-01-02

준비 파일 : 연습01-02.docx

01 문서의 모든 페이지에 '추억' 머리글을 표시하시오.
02 문서의 모든 페이지에 '급함 1' 워터마크를 표시하고, 모든 페이지에 색은 '황금색, 강조 4', 두께는 '3 pt'로 설정한 '그림자' 페이지 테두리를 추가하시오.

Section 03 문서 저장 및 공유

문서의 속성을 설정하거나 문서의 파일 형식을 변경하여 저장하는 문제가 출제될 가능성이 높습니다.

Keyword 범주, 문서 속성, 매크로 사용 문서, 일반 텍스트 파일, 저장

준비 파일 : 예제01-03.docx

1. 문서 속성

작성한 문서를 효율적으로 관리하기 위해 문서의 속성을 설정합니다. 문서를 작성하면 기본적으로 파일의 '크기', '제목', '만든 이' 등의 속성이 표시됩니다. 이 외에 사용자가 원하는 기타 문서 속성을 설정할 수 있습니다.

> **예제 01** ★★★ 주제 '평생 학습', 회사 '오앤케이', 범주 '교육'으로 문서의 속성을 지정하시오.

01 [파일] 탭 - [정보] - [속성] - [고급 속성]을 클릭합니다.

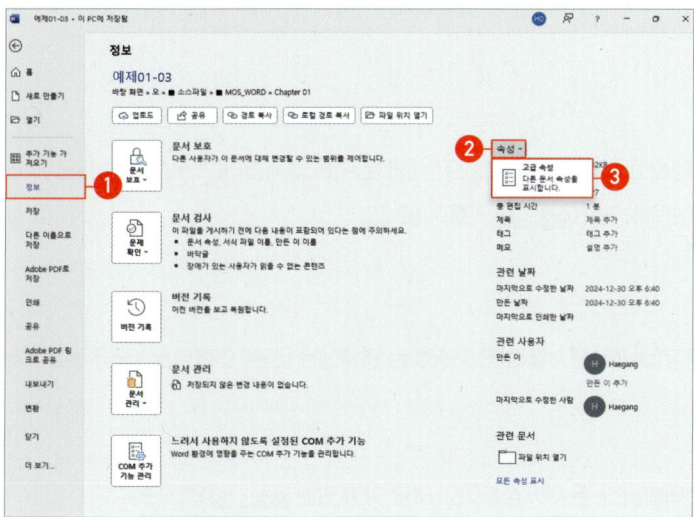

02 [속성] 대화상자에서 주제에 '평생 학습', 회사에 '오앤케이', 범주에 '교육'을 입력하고 [확인] 버튼을 클릭합니다.

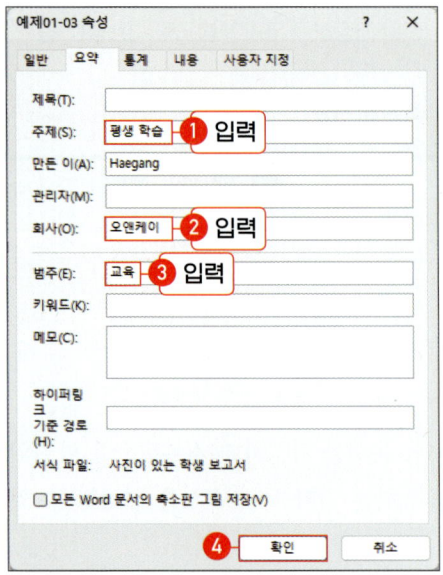

> **+ PLUS +**
> 문서 속성의 기본 설정값은 그대로 두고 진행합니다.

2. 문서 저장

1 새 문서 만들기

새 문서를 만들기 위해 Word 365 프로그램을 실행하고 시작 화면에 표시되는 [새 문서]를 클릭합니다. 문서 작성 도중에 새 문서를 만들 경우에는 [파일] 탭의 [새로 만들기]를 선택하거나 Ctrl + N 키를 누릅니다.

2 문서 저장하기

작성한 문서를 언제든지 다시 작업할 수 있도록 저장합니다. 문서를 처음 저장하는 경우에는 [다른 이름으로 저장] 대화상자가 나타납니다.

- ▶ **저장** : 기존 문서에 덮어씌워서 저장할 경우에 선택합니다. 문서 저장하기의 바로 가기 키는 Ctrl + S 입니다.
- ▶ **다른 이름으로 저장** : 기존 문서는 그대로 두고, 별도의 문서로 저장할 경우에 선택합니다. 다른 이름으로 저장하기의 바로 가기 키는 F12 입니다.

3 다른 파일 형식으로 저장

Word 문서는 하위 버전에서 정상적으로 열리지 않을 수 있으므로 파일 형식을 변경하여 저장합니다.

파일 형식	확장자
Word 문서	.docx
Word 매크로 사용 문서	.docm
Word 97-2003 문서	.doc
Word 서식 파일	.dotx
PDF 파일	.pdf
텍스트 파일	.txt

> **예제 02** ★★★
> 현재 문서를 '교육'이라는 이름의 Word 매크로 사용 문서로 [문서] 폴더에 저장하시오. 이 문서의 열기 암호는 '123'으로 파일 암호화 옵션을 설정하시오.

01 [파일] 탭 - [다른 이름으로 저장] - [찾아보기]를 클릭합니다.

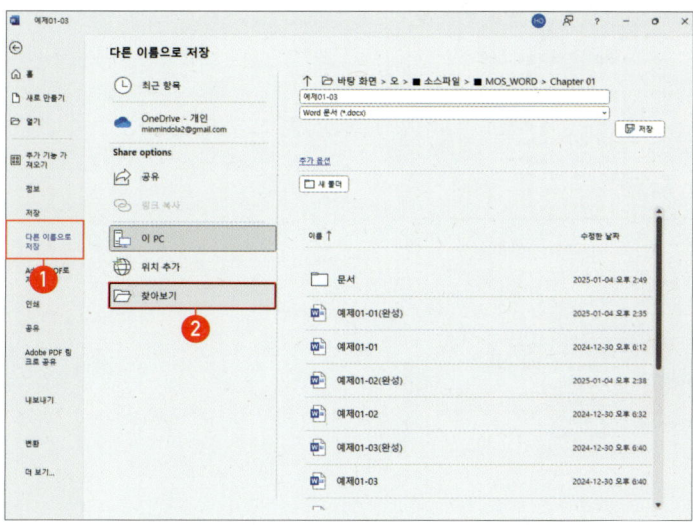

02 [다른 이름으로 저장] 대화상자에서 파일 이름에 '교육'을 입력하고, 파일 형식을 'Word 매크로 사용 문서', 저장 위치를 [문서] 폴더로 지정합니다.

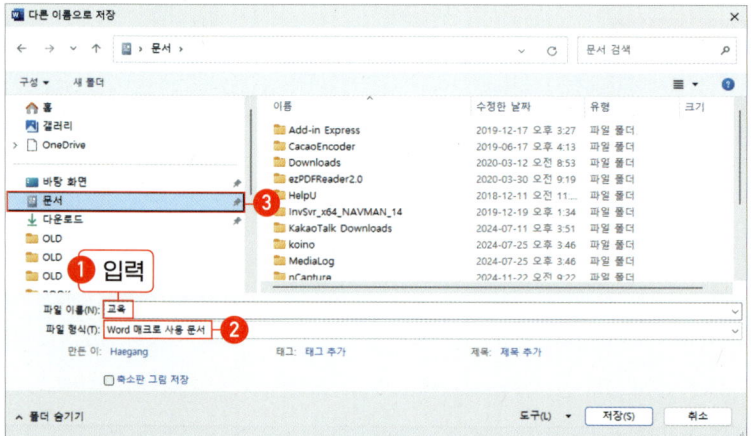

03 암호를 지정하기 위해 [도구] 버튼 - [일반 옵션]을 클릭합니다.

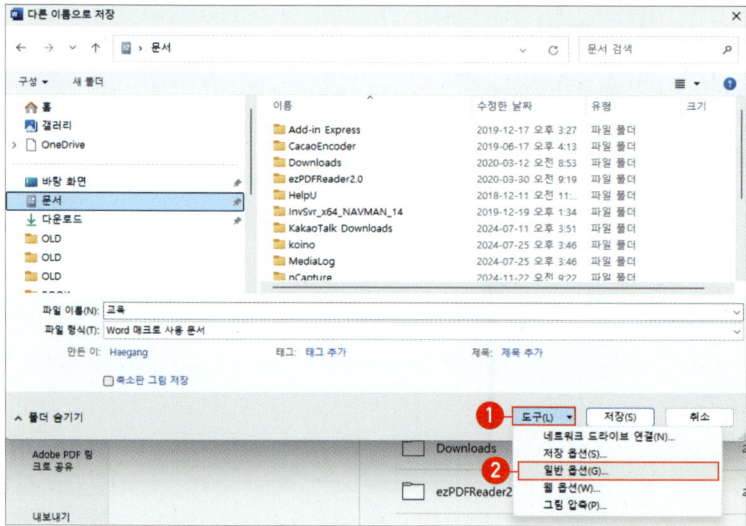

04 [일반 옵션] 대화상자에서 열기 암호에 '123'을 입력하고 [확인] 버튼을 클릭합니다.

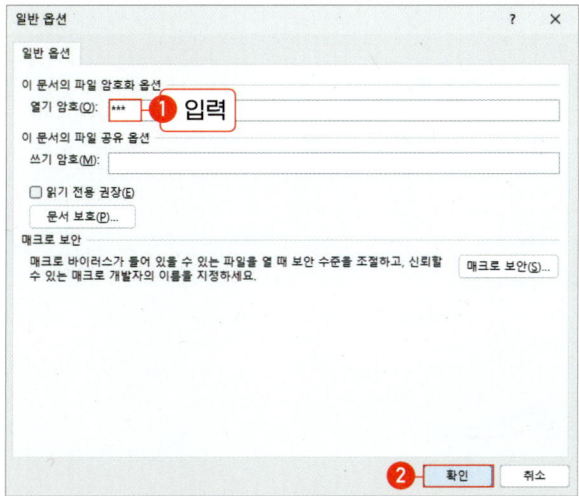

05 [암호 확인] 대화상자에서 '열기 암호를 다시 입력하세요.'에 '123'을 입력하고 [확인] 버튼을 클릭합니다.

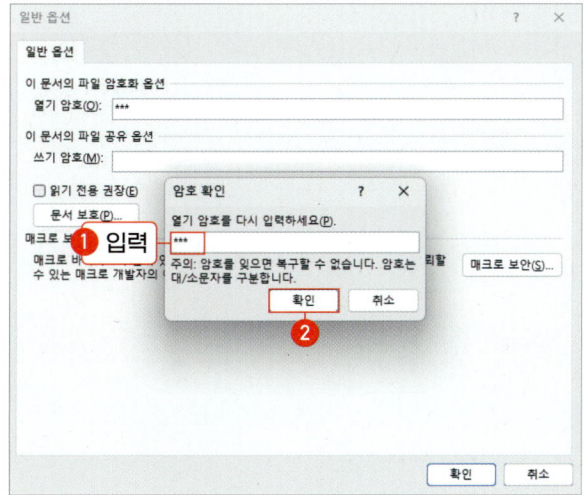

06 [다른 이름으로 저장] 대화상자의 [저장] 버튼을 클릭합니다.

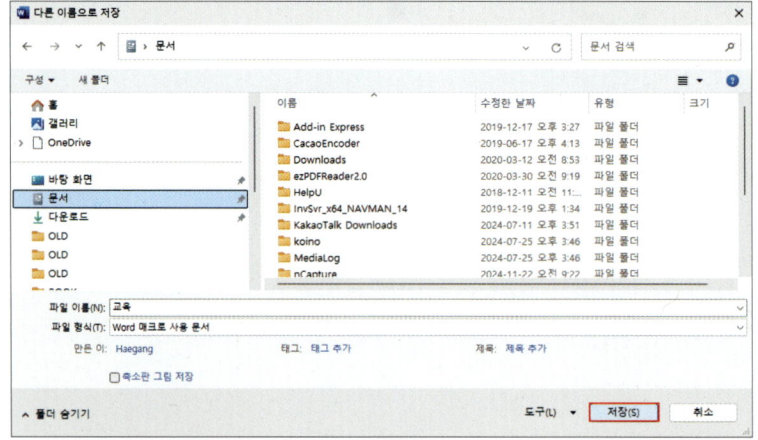

 연습문제-01-03   준비 파일 : 연습01-03.docx

01 문서 속성에서 범주를 '신입 교육'으로 설정하시오.

02 [문서] 폴더에 '초안'이라는 이름의 일반 텍스트 파일로 저장하시오. 모든 기본 설정을 적용하시오.

Section 04 문서 검사

문서 검사를 통해 결과를 제거하거나 문서를 변환하는 문제가 출제될 가능성이 높습니다.

Keyword 문서 검사, 문서 속성, 개인 정보, 호환성 모드

준비 파일 : 예제01-04.doc

1. 문서 검사

문서 내의 숨겨진 정보나 속성을 찾아 편집하는 기능으로, 문서에 포함된 속성 및 개인 정보, 주석, 메모, 워터마크 등을 한 번에 제거할 수 있습니다. 내용이 지워질 수 있으므로 파일이 저장된 상태에서 문서 검사를 진행합니다.

> **예제 01** ★★★ 문서를 검사하고 숨겨진 문서 속성 또는 개인 정보가 발견되면 모두 제거하시오. 다른 정보는 제거하지 마시오.

01 [파일] 탭을 클릭합니다.

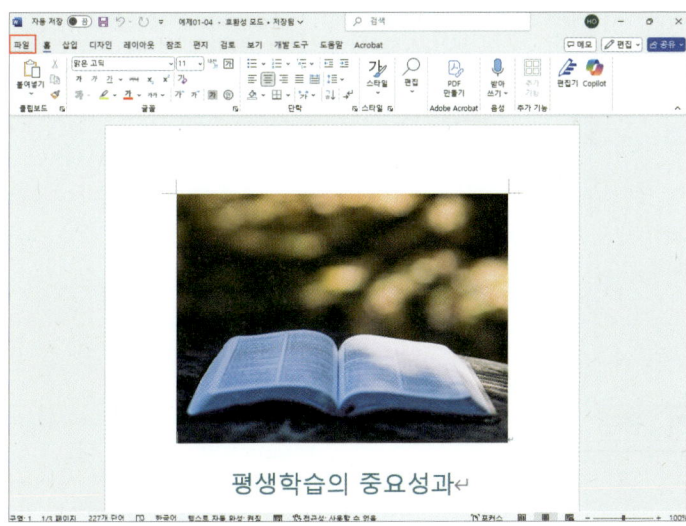

02 [정보] - [문제 확인] - [문서 검사]를 클릭합니다.

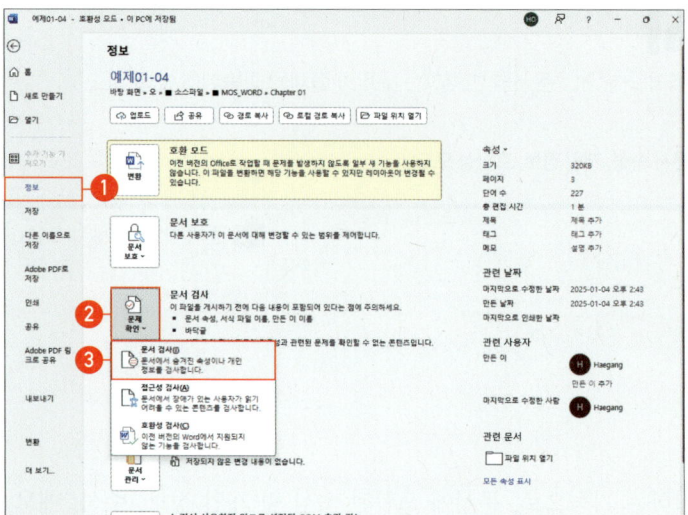

+ PLUS +
PC 환경에 따라 문서 검사 주의사항과 관련된 대화상자가 나타나면 [예] 버튼을 클릭합니다.

03 [문서 검사] 대화상자에서 [검사] 버튼을 클릭합니다.

04 '문서 속성 및 개인 정보'의 검사 결과에서 [모두 제거] 버튼을 클릭합니다.

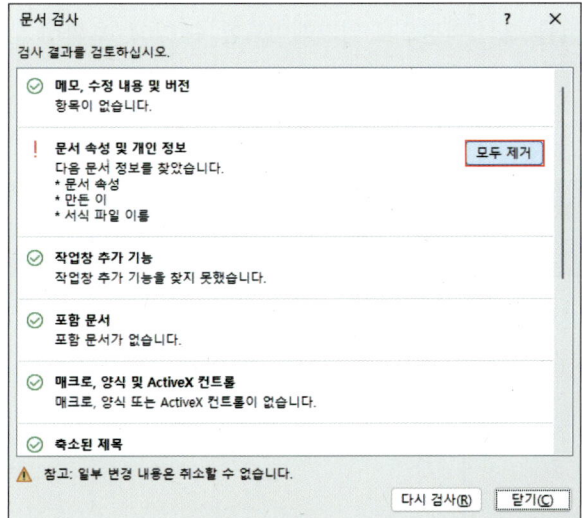

05 [문서 검사] 대화상자에서 [닫기] 버튼을 클릭합니다.

2. 문서 변환

Word는 문서 간의 형식 변환 기능을 지원합니다. 문서를 최신 버전으로 업그레이드할 수 있고, 호환성 문제도 해결할 수 있습니다.

> **예제 02** ★★★ | 이 문서의 최신 Microsoft 365 기능을 사용할 수 있도록 문서를 변환하여 호환성 모드에서 제거하시오.

01 [파일] 탭 - [정보] - [변환]을 클릭합니다.

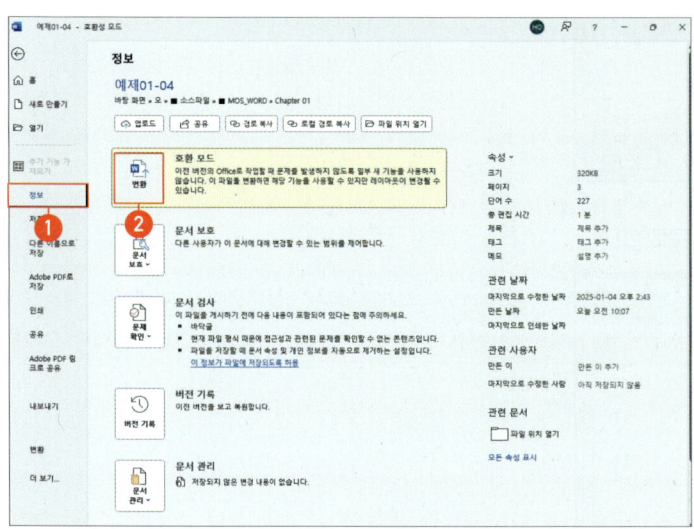

02 문서가 최신 파일 형식으로 업그레이드된다고 안내하는 대화상자의 [확인] 버튼을 클릭합니다.

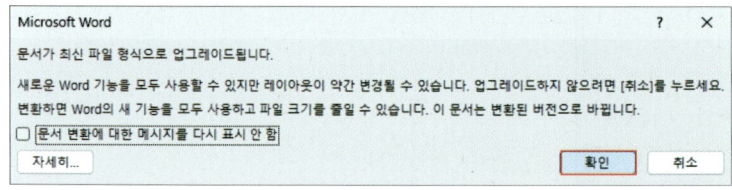

> **연습문제-01-04**   준비 파일 : 연습01-04.doc
>
> 01 문서를 검사하고 머리글, 바닥글 및 워터마크가 발견되면 모두 제거하시오. 다른 정보는 제거하지 마시오.
> 02 이 문서의 최신 Microsoft 365 기능을 사용할 수 있도록 문서를 변환하여 호환성 모드에서 제거하시오.

CHAPTER 02

텍스트, 단락, 구역 삽입 및 서식 적용

텍스트나 단락에 서식, 효과, 줄 간격, 스타일을 적용하거나 제거하는 기능에 대해 알아보겠습니다. 특정 텍스트를 검색한 후 서식을 변경하거나 기호 삽입 또는 단 및 구역 나누기를 통한 페이지 구성 조정 문제가 출제될 가능성이 높습니다.

Section 01 텍스트 삽입
Section 02 텍스트 및 단락 서식 적용
Section 03 문서 스타일 설정
Section 04 문서 구역 생성 및 구성

Section 01 텍스트 삽입

특정 텍스트를 찾아 서식을 변경하거나 기호를 삽입하는 문제가 출제될 가능성이 높습니다.

Keyword 바꾸기, 기호

준비 파일 : 예제02-01.docx

1. 텍스트 찾기 및 바꾸기

텍스트 찾기 기능은 문서에서 특정 단어나 기타 항목을 빠르게 검색하는 기능입니다. 고급 검색을 할 때에는 '와일드카드'를 사용해 검색할 수 있습니다. 텍스트 바꾸기 기능은 변경할 텍스트를 검색해 다른 내용으로 빠르게 바꾸는 기능입니다. 텍스트 찾기의 바로 가기 키는 Ctrl + F, 텍스트 바꾸기의 바로 가기 키는 Ctrl + H 입니다.

1 와일드카드

와일드카드는 조금 더 복잡하고 까다로운 검색을 할 때 사용하는 명령어입니다. 와일드카드를 활용해 검색하기 위해서는 와일드카드의 사용법을 알아야 합니다. 여러 가지 와일드 카드 명령어 중에 가장 많이 사용되는 '*'와 '?'의 기능에 대해 알아보겠습니다.

- ▶ * : 와일드 카드 '*'는 임의의 문자열을 의미합니다. '강*'를 입력하면 '강자', '강하다', '강강술래'와 같이 '강'으로 시작하는 모든 문자열을 검색할 수 있습니다.
- ▶ ? : 와일드 카드 '?'는 임의의 문자 한 개를 의미합니다. '김?호'를 입력하면 '김성호', '김민호', '김수호' 등의 단어를 검색할 수 있습니다.

2 특정 서식 찾기 및 바꾸기

글꼴, 단락, 스타일 등 특정 서식의 텍스트를 찾아 다른 서식으로 바꿀 수 있습니다.

| 예제 01 ★★★ | 문서의 모든 '독서' 텍스트를 바꾸기 기능을 사용하여 글꼴 스타일을 '굵게', 글꼴 색을 '빨강'으로 서식을 적용하시오. |

01 [홈] 탭 - [편집] 그룹 - [바꾸기]를 클릭합니다.

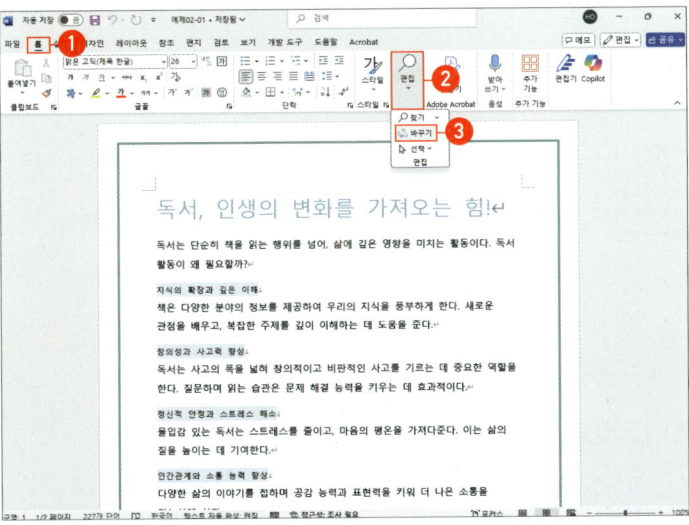

+ PLUS +
창의 크기의 따라 리본 메뉴에 표시되는 명령 아이콘의 모습이 달라질 수 있습니다. 교재의 캡처 이미지는 작업 화면의 창이 축소되어 있어 [편집] 그룹을 클릭해야 [바꾸기]를 선택할 수 있지만, 전체 화면에서 작업할 때에는 [편집] 그룹을 클릭하지 않아도 됩니다.

02 [찾기 및 바꾸기] 대화상자에서 찾을 내용에 '독서'를 입력하고 [자세히] 버튼을 클릭합니다.

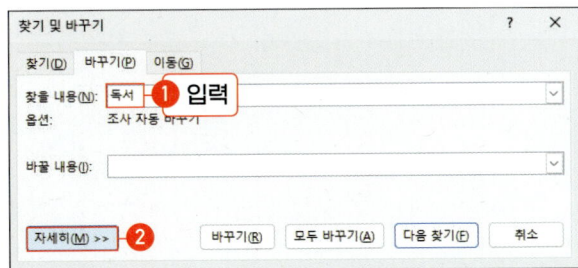

03 '조사 자동 바꾸기'를 체크 해제합니다.

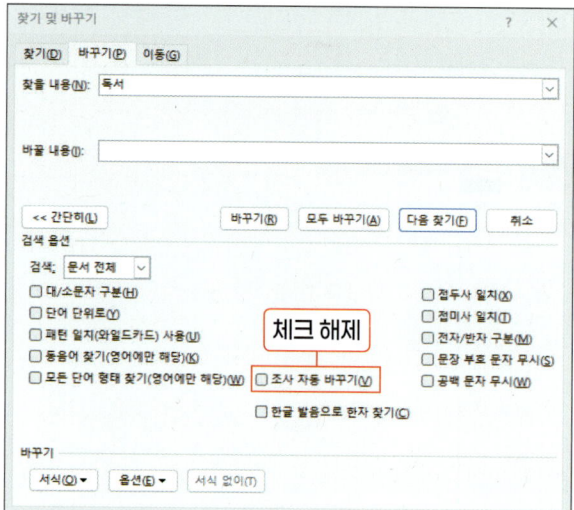

04 바꿀 내용에 '독서'를 입력하고, [서식] 버튼 - [글꼴]을 클릭합니다.

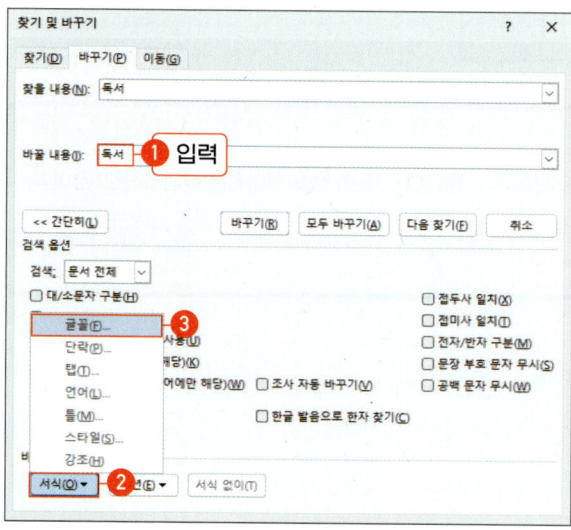

05 [글꼴 바꾸기] 대화상자에서 글꼴 스타일을 '굵게', 글꼴 색을 '빨강'으로 선택한 후 [확인] 버튼을 클릭합니다.

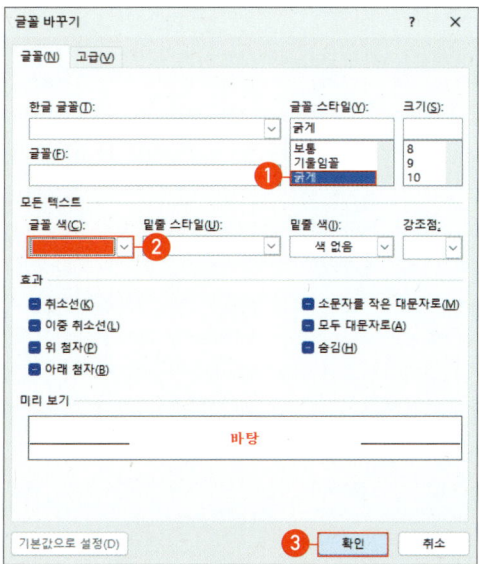

06 [찾기 및 바꾸기] 대화상자에서 [모두 바꾸기] 버튼을 클릭합니다.

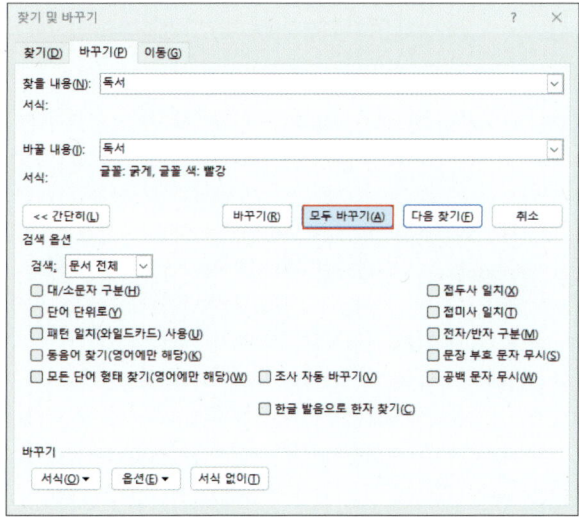

07 13개의 항목이 바뀌었다고 안내하는 대화상자의 [확인] 버튼을 클릭합니다.

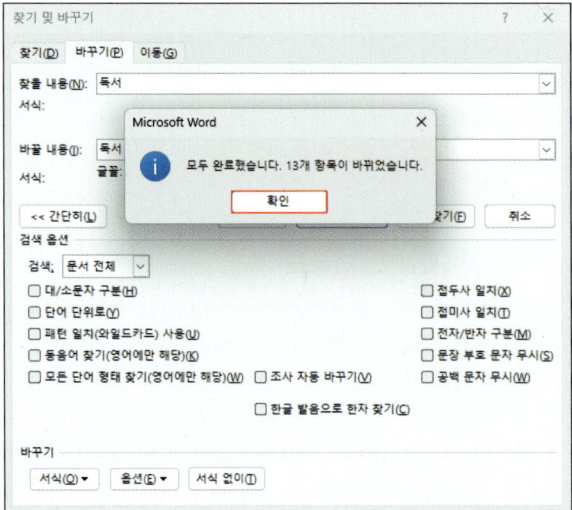

08 [찾기 및 바꾸기] 대화상자의 [닫기] 버튼을 클릭합니다.

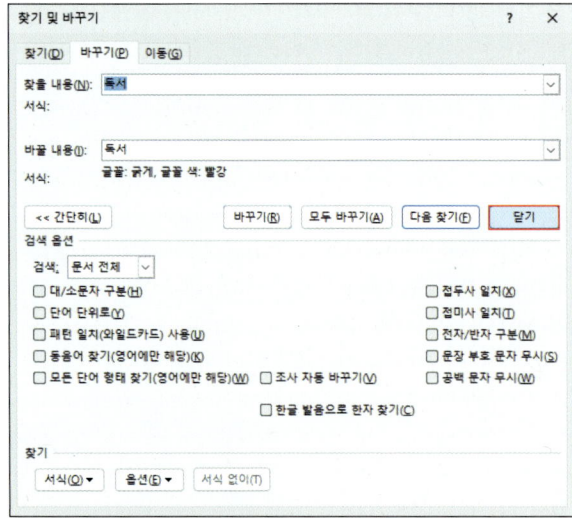

2. 기호 삽입

[삽입] 탭 - [기호] 그룹 - [기호] - [다른 기호]를 클릭하면 [기호] 대화상자에서 키보드에 없는 특수 기호를 검색할 수 있습니다. 이때 글꼴에 따라 삽입할 수 있는 기호와 문자 형식이 달라집니다. 예를 들어 Wingdings 글꼴에는 장식 기호, 화살표 기호 등이 포함되어 있고, Symbol 글꼴에는 화살표 기호, 글머리 기호, 공학용 기호 등이 포함되어 있습니다. 이 외에도 다양한 글꼴이 제공되어 여러 가지 특수 기호를 삽입할 수 있습니다.

1 기호

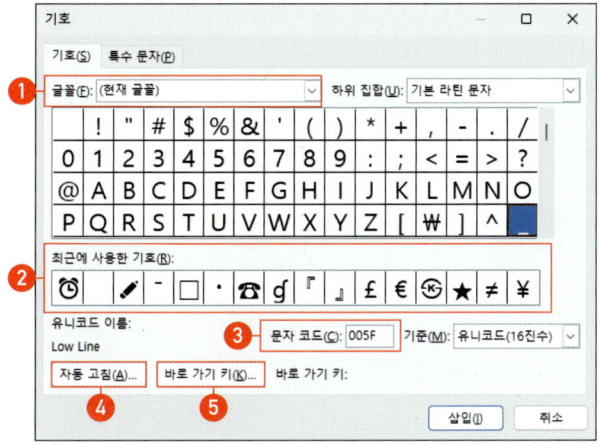

▲ [기호] 대화상자의 [기호] 탭

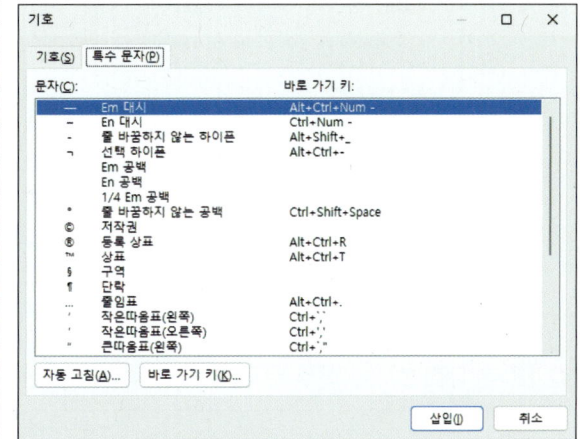

▲ [기호] 대화상자의 [특수 문자] 탭

① **글꼴** : 글꼴마다 서로 다른 문자 기호가 검색됩니다.
② **최근에 사용한 기호** : 최근에 사용한 기호가 나열되어 있습니다.
③ **문자 코드** : 기호마다 고유의 문자 코드를 가지고 있어 문자 코드로 기호를 검색할 수 있습니다.
④ **자동 고침** : 사용자가 특정 텍스트를 입력하면 자동으로 특수 기호나 다른 문자로 변경해 주는 기능입니다.
⑤ **바로 가기 키** : 자주 사용하는 기호의 단축키를 설정할 수 있습니다.

예제 02
★★★

첫 페이지의 제목 텍스트 '독서, 인생의 변화를 가져오는 힘!' 뒤에 저작권 기호를 추가하시오.

01 아래 그림과 같이 기호를 추가할 곳을 클릭한 후 [삽입] 탭 - [기호] 그룹 - [기호] - [다른 기호]를 클릭합니다.

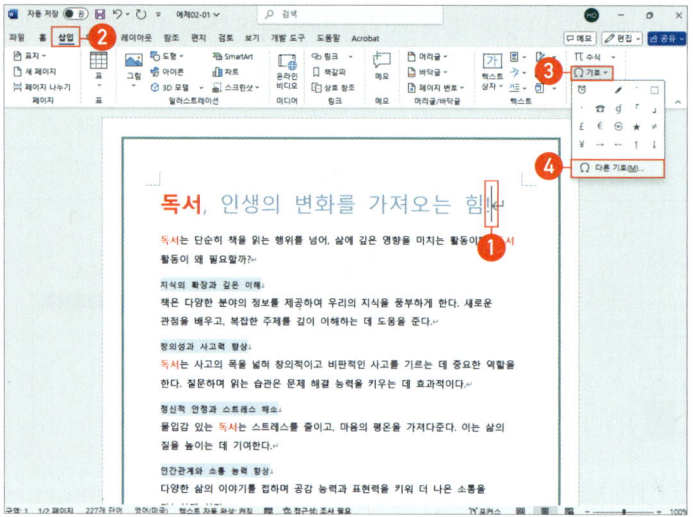

02 [기호] 대화상자의 [특수 문자] 탭에서 '저작권'을 선택하고 [삽입] 버튼을 클릭합니다.

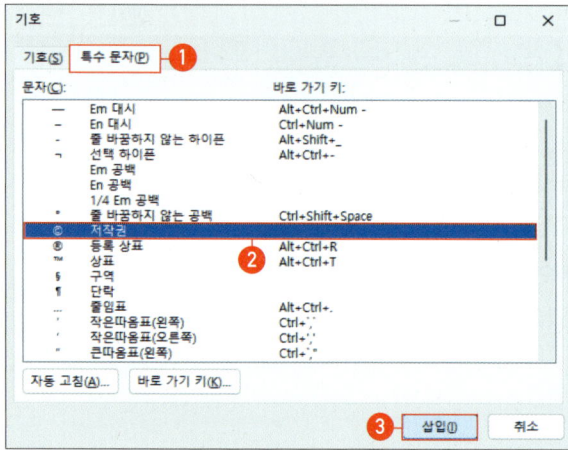

03 [기호] 대화상자의 [닫기] 버튼을 클릭합니다.

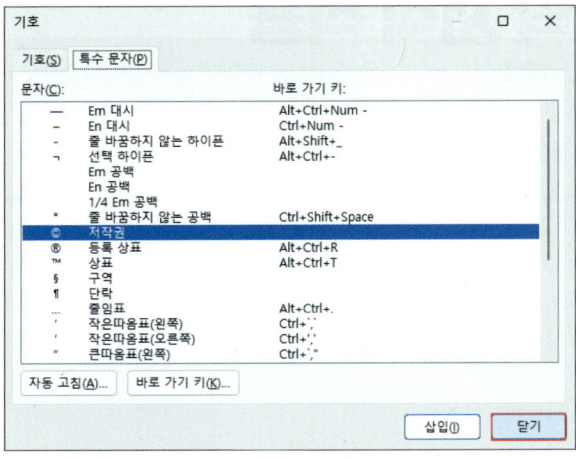

연습문제-02-01

준비 파일 : 연습02-01.docx

01 문서의 모든 '레시피' 텍스트를 글꼴 스타일을 '굵게 기울임꼴', 글꼴 색을 '주황, 강조'로의 '조리법' 텍스트로 바꾸시오.
02 1페이지의 제목 텍스트 '한국 음식 소개' 뒤에 등록 상표 기호를 추가하시오.

Section 02 텍스트 및 단락 서식 적용

텍스트에 서식 및 효과를 적용하거나 적용되어 있는 서식을 제거하는 문제와 함께 단락의 줄 간격을 조절하는 문제가 출제될 가능성이 높습니다.

Keyword 텍스트 효과, 서식 지우기, 줄 간격

준비 파일 : 예제02-02.docx

1. 글꼴 설정

기본 표준 글꼴로 작성된 문서의 글꼴, 글꼴 스타일, 글꼴 색, 글꼴 크기 등을 원하는 대로 변경할 수 있습니다. 글꼴을 설정하는 방법은 다음과 같습니다.

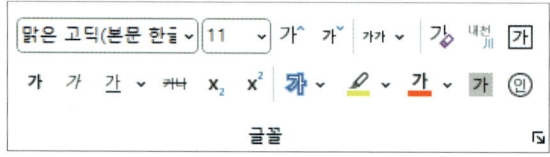

▲ [홈] 탭 - [글꼴] 그룹

▶ 방법 1 : [홈] 탭 - [글꼴] 그룹에서 서식을 적용합니다.
▶ 방법 2 : [홈] 탭 - [글꼴] 그룹에서 대화상자를 열어 조금 더 자세하게 글꼴 서식을 적용합니다.
▶ 방법 3 : 텍스트를 블록으로 지정하면 나타나는 미니 도구 모음에서 서식을 적용합니다.

1 다양한 블록 지정 방법

▶ 문서 전체 선택 : Ctrl + A
▶ 단락 선택 : Ctrl + 드래그
▶ 구역 단위 선택 : Alt + 드래그
▶ 한 글자 단위 선택 : Shift + 방향키(↑ ↓ ← →)
▶ 특정 단어 선택 : 더블 클릭
▶ 특정 문단 선택 : 세 번 클릭

> **예제 01** ★★★ '꽃을 사랑하는 특별한 클래스' 제목에 미리 정의된 '그라데이션 채우기: 황갈색, 강조색 5, 반사' 텍스트 효과를 적용하시오.

01 1 페이지에 '꽃을 사랑하는 특별한 클래스' 텍스트를 블록으로 지정하고, [홈] 탭 - [글꼴] 그룹 - [텍스트 효과와 타이포그래피]를 클릭합니다.

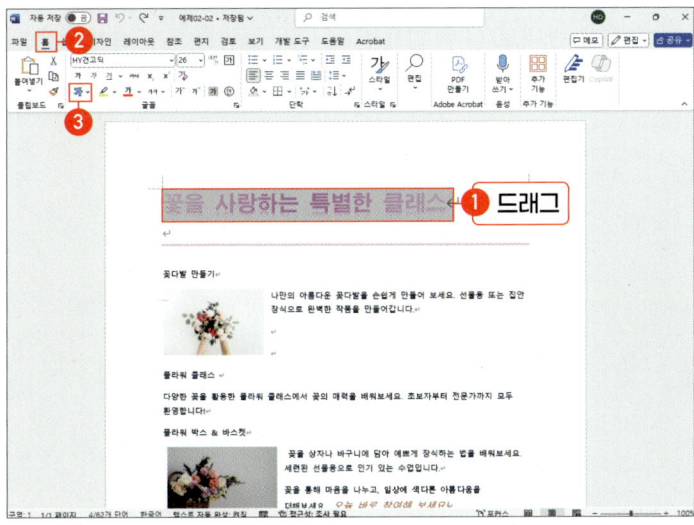

02 '그라데이션 채우기: 황갈색, 강조색 5, 반사' 텍스트 효과를 클릭합니다.

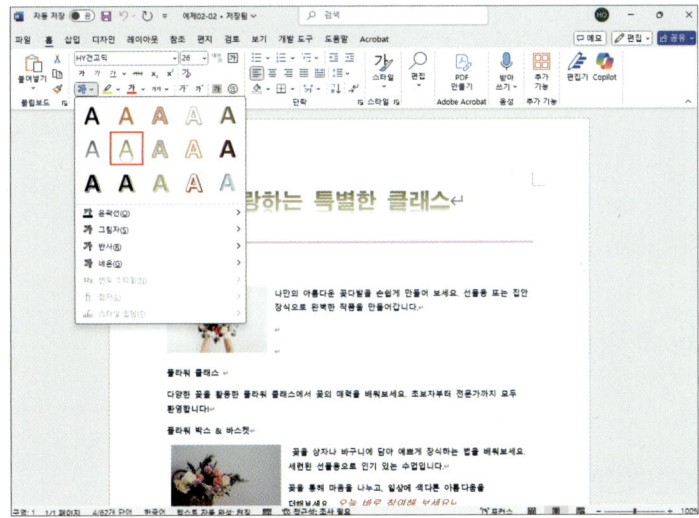

2. 단락 설정

단락은 Enter 키로 내용을 끊어 구분한 하나의 토막을 의미합니다. [홈] 탭 – [단락] 그룹 또는 [단락] 대화상자에서 줄 간격, 정렬, 들여쓰기, 내어쓰기 등의 서식을 설정할 수 있습니다.

1 줄 간격 옵션

텍스트의 줄 간격이 너무 좁으면 가독성이 떨어지고, 반대로 너무 넓으면 문서가 불필요하게 길어지기 때문에 줄 간격을 적절히 조절해야 합니다.

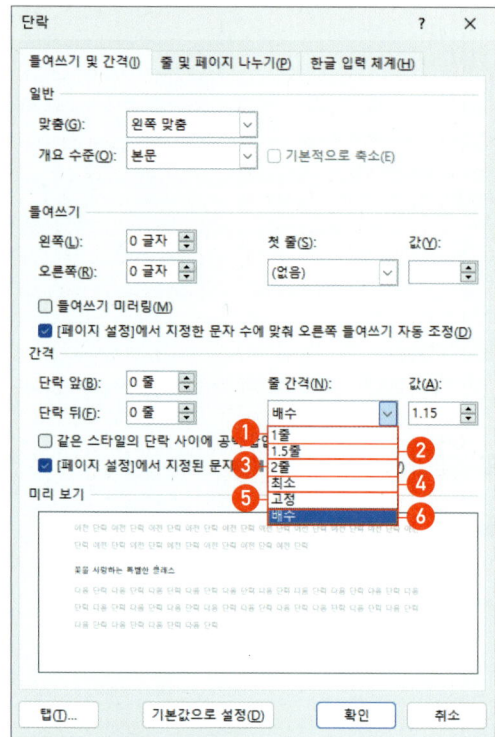

▲ [단락] 대화상자

① **1줄** : 줄에서 가장 큰 텍스트를 기준으로 약간의 공간을 추가한 설정입니다.
② **1.5줄** : 1줄 간격의 1.5배 더 넓은 설정입니다.
③ **2줄** : 1줄 간격의 2배 더 넓은 설정입니다.
④ **최소** : 단락에서 가장 큰 텍스트에 맞춘 최소 줄 간격입니다.
⑤ **고정** : 줄 간격을 포인트(pt) 단위에 맞춰 설정합니다.
⑥ **배수** : 기본 줄 간격의 몇 배로 늘릴지 수치로 입력하는 옵션입니다. 기본 줄 간격에 '1.0~1.5' 사이의 값을 입력하면 50% 늘어난 줄 간격이 적용됩니다.

예제 02 ★★★
본문 단락에 있는 모든 콘텐츠의 줄 간격을 '1.2'로 변경하시오.

01 제목을 제외한 본문 단락을 블록으로 지정하고 [홈] 탭 - [단락] 그룹에서 [단락] 대화상자를 열어줍니다.

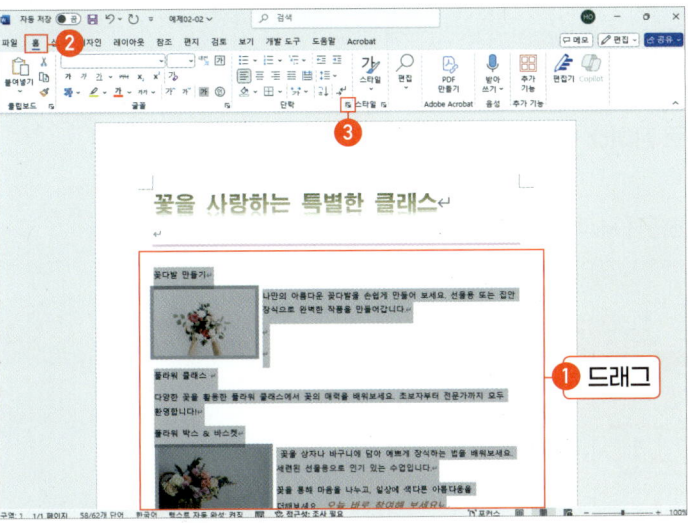

+ PLUS +
[홈] 탭 - [단락] 그룹 - [선 및 단락 간격] - [줄 간격 옵션]을 클릭해 [단락] 대화상자를 열어도 됩니다.

02 [단락] 대화상자에서 줄 간격의 값을 '1.2'로 입력하고 [확인] 버튼을 클릭합니다.

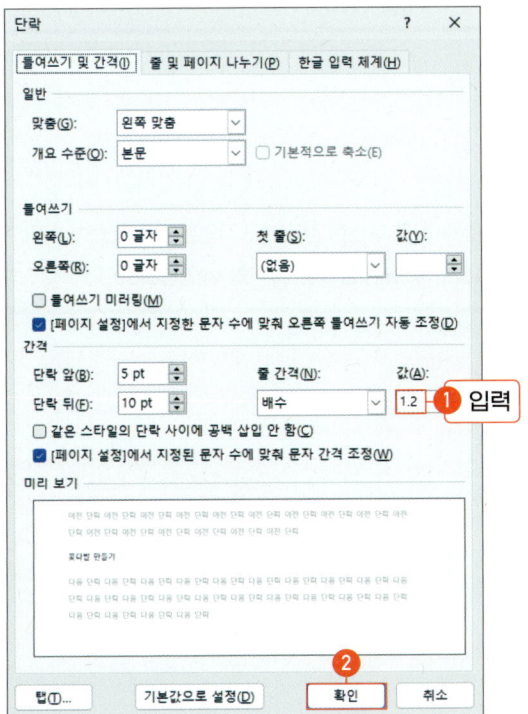

3. 서식 지우기

서식 지우기는 이미 적용되어 있는 모든 서식을 제거한 후 기본 표준 텍스트로 변경하는 기능입니다.

예제 03 ★★★ | '플라워 박스 & 바스켓' 구역에서 '오늘 바로 참여해 보세요!'에 적용된 모든 서식을 지우시오.

01 '플라워 박스 & 바스켓' 구역에서 '오늘 바로 참여해 보세요!'를 블록으로 지정합니다.

02 [홈] 탭 - [스타일 그룹]의 ▼ 버튼을 클릭하고 [서식 지우기]를 클릭합니다.

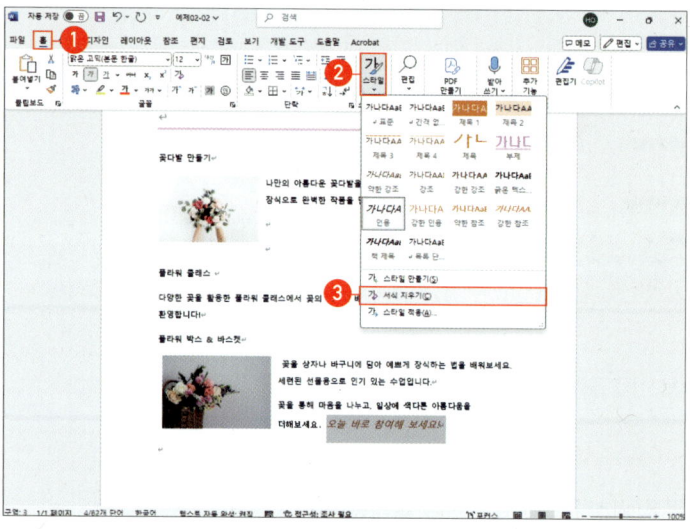

+ PLUS +

창의 크기에 따라 리본 메뉴에 표시되는 명령 아이콘의 모습이 달라지기 때문에 창을 축소한 상태에서 작업한 교재의 캡처 이미지에는 ▼ 버튼이 보이지 않지만, 전체 화면에서 작업할 때에는 [스타일] 그룹의 ▼ 버튼을 바로 클릭할 수 있습니다.

연습문제-02-02

준비 파일 : 연습02-02.docx

01 1 페이지 제목 '평생학습의 중요성과 올바른 공부 습관'에 미리 정의된 '채우기: 진한 청록, 강조색 1, 그림자' 텍스트 효과를 적용하시오.

02 '3. 학습 전략과 시간 관리' 구역에 있는 '규칙적인 학습과 휴식 사이클을 활용하면 효과적' 텍스트에 적용된 모든 서식을 지우시오.

Section 03 문서 스타일 설정

문서 전체에 스타일을 적용하거나 특정 텍스트 및 단락에 스타일을 적용하는 문제가 출제될 가능성이 높습니다.

Keyword 스타일, 스타일 모음

준비 파일 : 예제02-03.docx

1. 스타일

스타일이란 자주 사용하는 글꼴, 단락 서식을 미리 만들어 두고, 여러 곳에 같은 서식을 쉽고 빠르게 적용하는 기능입니다. 스타일을 사용하면 많은 양의 문서에 동일한 글꼴, 단락 서식을 적용해 문서 전체의 서식을 통일성 있고 효율적으로 관리할 수 있습니다.

사용자가 스타일 갤러리에 없는 스타일을 만들어서 적용할 때에는 커서의 위치에 주의해야 합니다. 현재 선택되어 있는 단락이나 텍스트의 서식을 바탕으로 스타일이 만들어지기 때문입니다. 따라서 새 스타일을 만들 때에는 되도록 표준 스타일이 적용된 빈 단락에 커서를 위치시키는 것이 좋습니다.

예제 01 ★★★ 문서에 '음영' 스타일 모음을 적용하고, '한국 음식 소개' 제목 텍스트에 '제목 1' 스타일을 적용하시오.

01 [디자인] 탭 - [문서 서식] 그룹의 ▼ 버튼을 클릭하고 '음영' 스타일 모음을 클릭합니다.

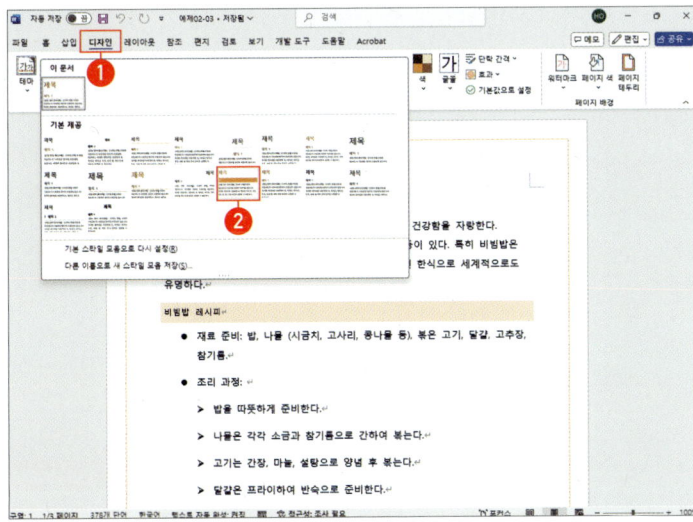

02 '한국 음식 소개' 제목 텍스트를 블록으로 지정한 후 [홈] 탭 - [스타일] 그룹의 ⬇ 버튼을 클릭하고 '제목 1' 스타일을 클릭합니다.

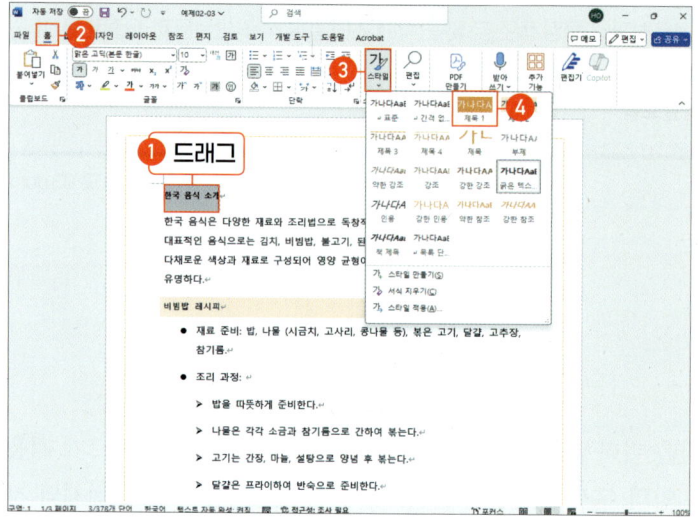

연습문제-02-03

준비 파일 : 연습02-03.docx

01 문서에 '흑백(클래식)' 스타일 모음을 적용하고, '꽃을 사랑하는 특별한 클래스' 제목 텍스트에 '제목' 스타일을 적용하시오.

Section 04 문서 구역 생성 및 구성

문서에 단이나 구역 나누기를 적용하여 페이지 설정을 변경하는 문제가 출제될 가능성이 높습니다.

Keyword 단, 구역 나구기, 열 미리 설정, 용지 방향

준비 파일 : 예제02-04.docx

1. 단 설정

단은 신문과 같이 여러 개의 단으로 나누어 편집하는 기능입니다. 텍스트, 선택한 구역, 문서 전체 등을 여러 개의 단으로 설정할 수 있습니다. 문서는 1단으로 기본 설정되어 있으며, 사용자는 2단부터 12단까지 단을 변경할 수 있습니다. 보통 왼쪽과 오른쪽의 단이 균등하게 분할되지만 사용자가 단의 너비와 간격을 지정할 수 있고, 단을 구분하는 경계선을 넣어 표시할 수도 있습니다.

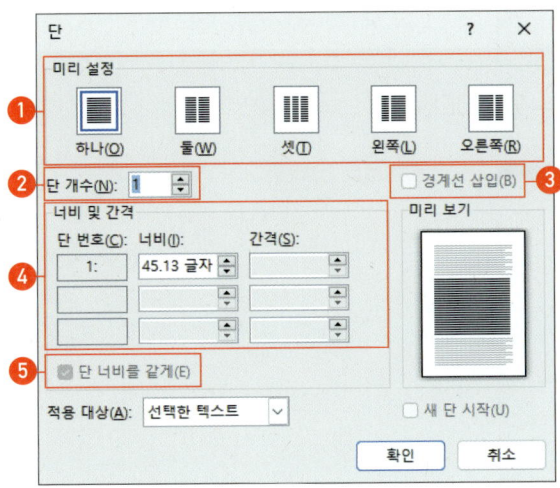

▲ [단] 대화상자

① **미리 설정** : 일반적으로 자주 사용하는 단 모양으로 설정할 수 있습니다.
② **단 개수** : 1~12개까지의 단을 설정할 수 있습니다.
③ **경계선 삽입** : 단 사이를 구분하기 위한 경계선을 설정합니다.
④ **너비 및 간격** : 단의 너비와 단 사이의 간격을 설정합니다.
⑤ **단 너비를 같게** : 여러 단의 너비를 같게 설정합니다.

예제 01 '한국 음식 만들기' 제목 다음의 단락을 두 단으로 서식을 지정하시오.

01 '한국 음식 만들기' 제목 다음의 단락을 남김없이 모두 블록으로 지정한 후 [레이아웃] 탭 - [페이지 설정] 그룹 - [단]을 클릭하고 [둘]을 클릭합니다.

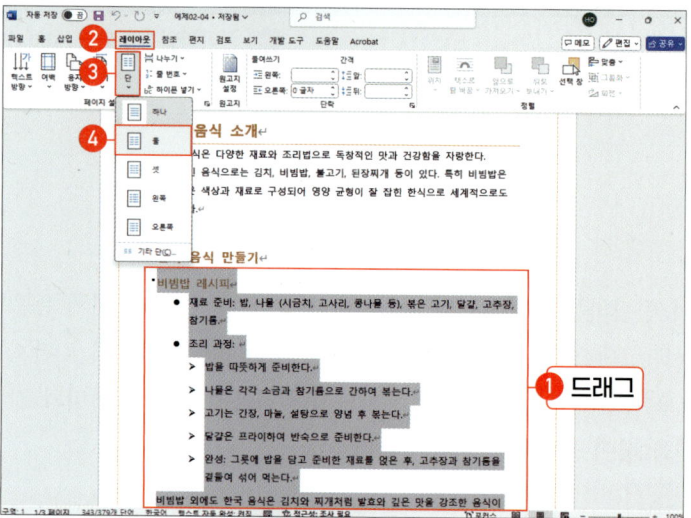

02 블록으로 지정한 단락이 두 단으로 표시되는 것을 확인할 수 있습니다.

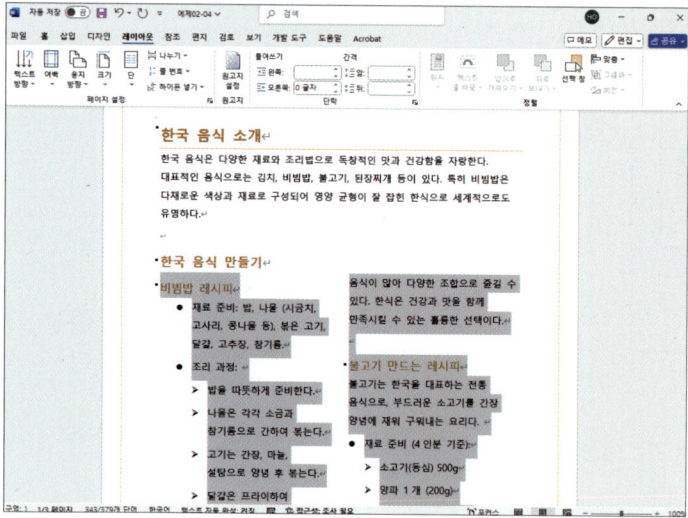

2. 구역 나누기

하나의 문서를 여러 구역으로 나누면 각 구역마다 용지 방향, 크기, 페이지 여백, 머리글/바닥글 등을 다르게 적용할 수 있습니다. 기본적으로 전체 문서는 1구역으로 설정되어 있으며, 페이지마다 구역을 나누거나 한 페이지 내에서도 구역을 나눌 수 있습니다.

> **예제 01** ★★★
> '된장찌개 레시피'로 시작하는 제목의 시작 부분에 다음 페이지부터 구역 나누기를 삽입하시오. 이 구역만 용지 방향을 가로로 변경하고, 왼쪽 열 머리 설정을 적용하시오.

01 '된장찌개 레시피'로 시작하는 제목의 시작 부분을 클릭하고 [레이아웃] 탭 - [페이지 설정] 그룹 - [나누기] - [다음 페이지부터]를 클릭합니다.

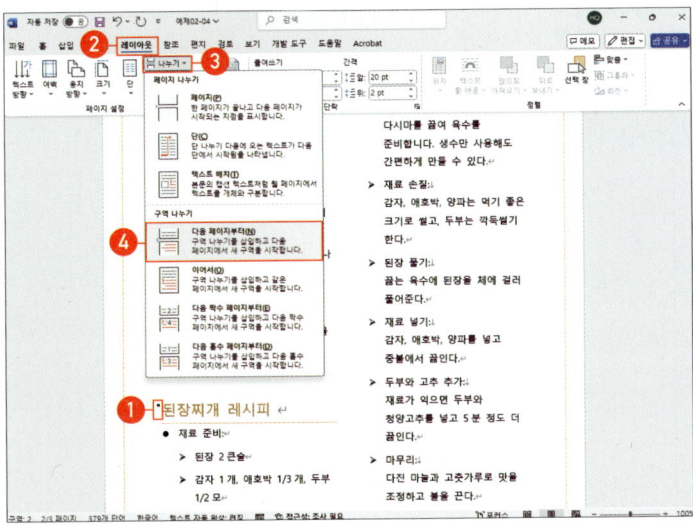

02 [레이아웃] 탭 - [페이지 설정] 그룹 - [용지 방향] - [가로]를 클릭합니다.

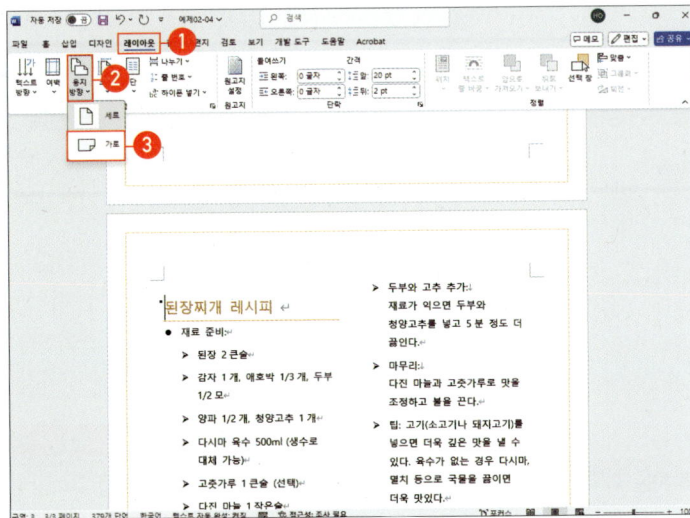

03 [레이아웃] 탭 - [페이지 설정] 그룹 - [단] - [기타 단]을 클릭합니다.

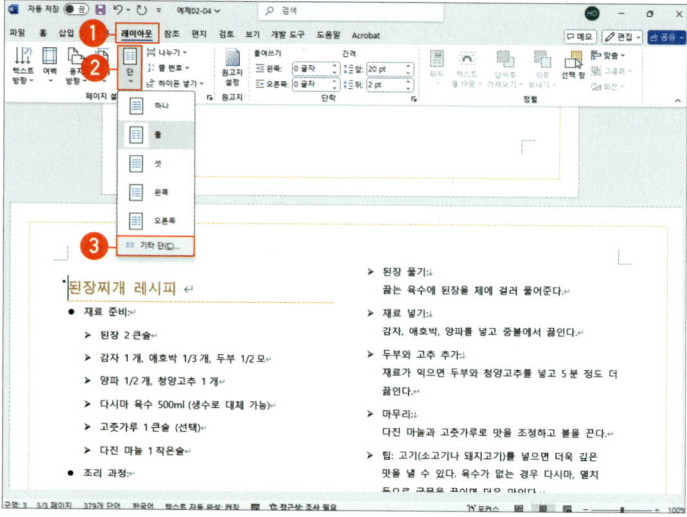

04 [단] 대화상자의 미리 설정을 '왼쪽'으로 선택하고 [확인] 버튼을 클릭합니다.

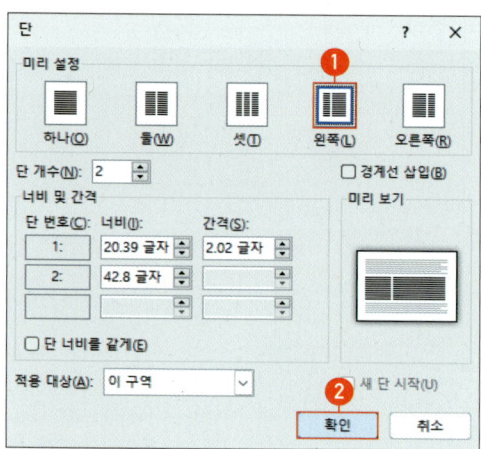

+ PLUS +

문서 왼쪽 하단에 구역 번호를 표시하려면, Word 문서의 상태 표시줄을 마우스 오른쪽 버튼으로 클릭하고 [구역] 메뉴를 선택합니다.

연습문제-02-04

준비 파일 : 연습02-04.docx

01 '평생학습의 중요성과 올바른 공부 습관'으로 시작하는 제목의 시작 부분에 이어서 구역 나누기를 삽입하시오. 해당 구역의 단락만 두 단으로 서식을 지정하고, 용지 방향을 가로로 변경하시오.

CHAPTER 03

표 및 목록 관리

표 삽입, 텍스트와 표의 변환, 표의 디자인 및 레이아웃 수정 등의 기능과 함께 개요 목록에 번호나 글머리 기호를 지정하는 문제가 출제될 가능성이 높습니다.

Section 01 표 만들기
Section 02 표 수정
Section 03 목록 만들기 및 수정

Section 01 표 만들기

표를 삽입하는 문제와 텍스트를 표로 변환하거나 표를 텍스트로 다시 회귀하는 문제가 출제될 가능성이 높습니다.

Keyword 변환, 텍스트 변환, 표 삽입

준비 파일 : 예제03-01.docx

1. 표 변환

텍스트로 나열되어 있는 복잡한 내용이나 수치를 표로 정리하면 일목요연하게 내용을 파악할 수 있습니다. 이미 입력되어 있는 일반 텍스트를 단락, 쉼표, 탭, 기타 문자로 구분하여 표로 변환하는 방법에 대해 알아보겠습니다.

> **예제 01** ★★★ '9. 예산' 구역에서 쉼표로 구분된 텍스트를 3열로 된 표로 변환하시오(정확한 열 너비는 중요하지 않음).

01 '9. 예산' 구역의 쉼표로 구분된 텍스트를 블록으로 지정하고 [삽입] 탭 - [표] 그룹 - [표] - [텍스트를 표로 변환]을 클릭합니다.

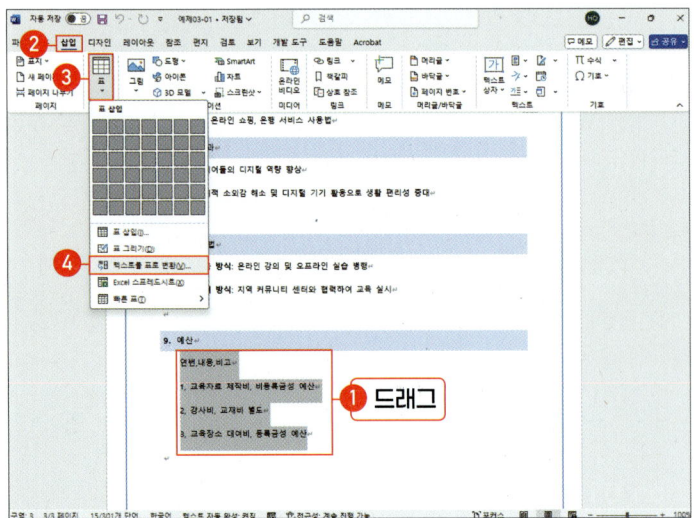

58 PART 01 유형 분석

02 [텍스트를 표로 변환] 대화상자에서 열 개수에 '3'을 입력하고, 텍스트 구분 기호를 '쉼표'로 선택한 후 [확인] 버튼을 클릭합니다.

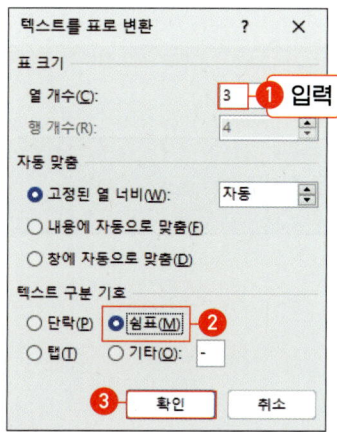

03 쉼표로 구분된 텍스트가 표로 변환되는 것을 확인할 수 있습니다.

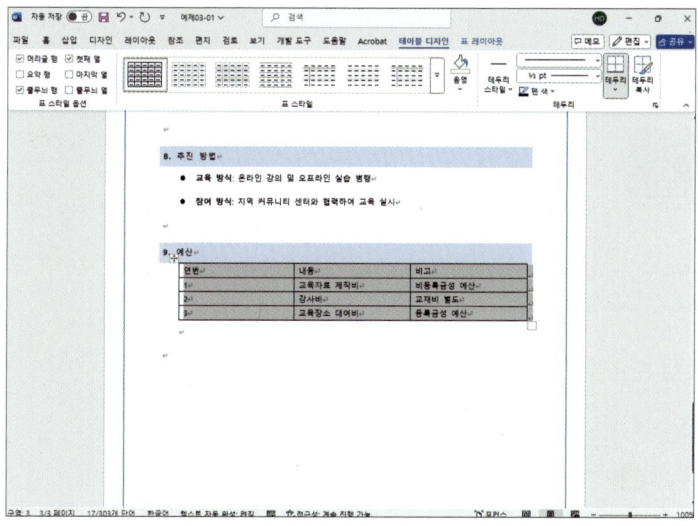

2. 텍스트 변환

일반 텍스트를 표로 변환해 보았다면 반대로 표를 텍스트로 변환할 수도 있습니다. 표에 삽입되어 있는 문자열들의 구분 기호를 선택하여 텍스트로 변환해 보겠습니다.

> **예제 02** ★★★ '미디어 활용 교육' 구역에 있는 표의 텍스트를 탭으로 분리하여 텍스트로 변환하시오.

01 '미디어 활용 교육' 구역의 표를 선택합니다.

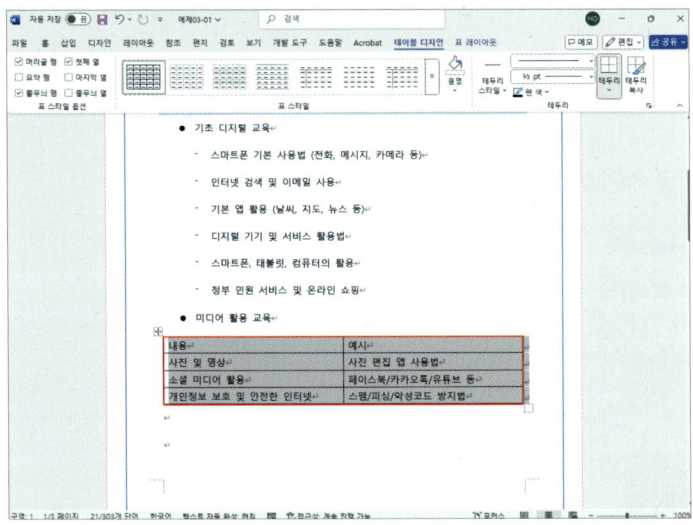

02 [표 레이아웃] 탭 - [데이터] 그룹 - [텍스트로 변환]을 클릭합니다.

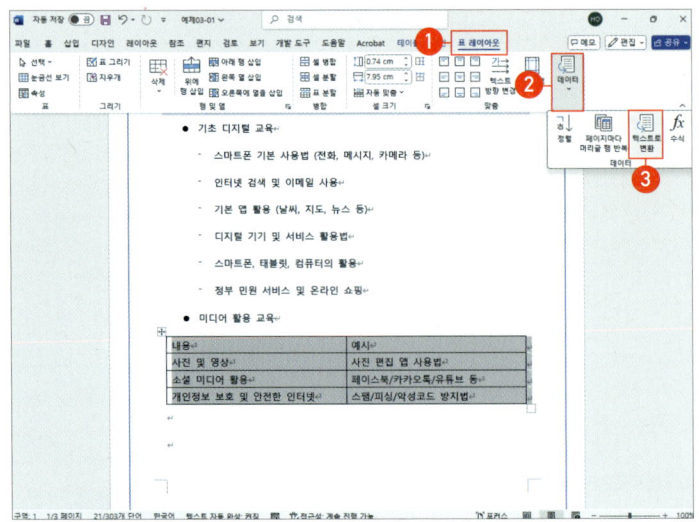

+ PLUS +
전체 화면에서 작업할 때에는 [데이터] 그룹을 클릭하지 않아도 됩니다.

03 [표를 텍스트로 변환] 대화상자에서 텍스트 구분 기호를 '탭'으로 선택하고 [확인] 버튼을 클릭합니다.

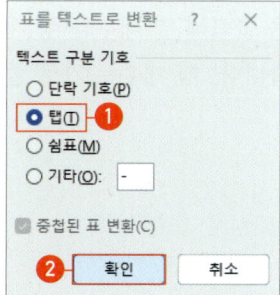

04 표가 탭으로 구분된 텍스트로 변환된 것을 확인할 수 있습니다.

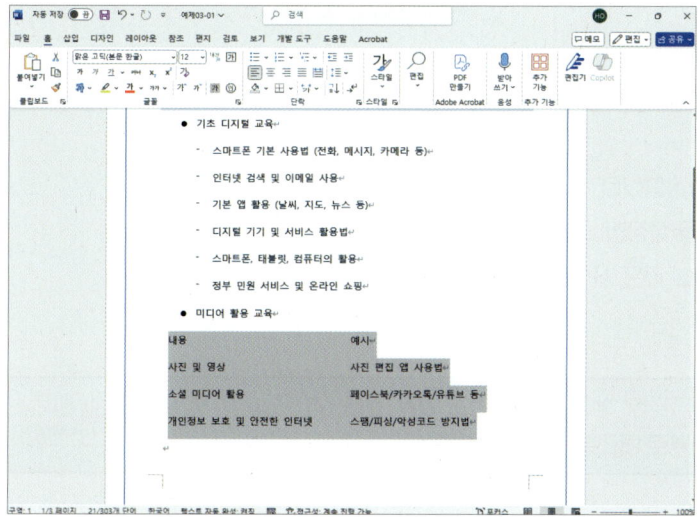

3. 표 삽입

표를 삽입하는 방법으로는 첫 번째로 [삽입] 탭 – [표] 그룹 – [표] – [표 삽입]을 클릭해 열 개수와 행 개수를 직접 입력하는 방법이 있고, 두 번째로 [표 그리기]를 이용하는 방법이 있습니다. 행 개수는 가로 줄의 개수이고, 열 개수는 세로 줄의 개수입니다.

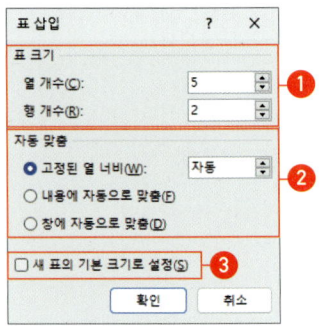

▲ [표 삽입] 대화상자

① **표 크기** : 삽입할 표의 열 개수와 행 개수를 설정합니다.
② **자동 맞춤** : 표의 크기와 문자열에 대한 옵션을 설정합니다.
③ **새 표의 기본 크기로 설정** : 다음에 삽입할 표에 같은 서식을 적용할지 여부를 설정합니다.

> **예제 03** ★★★
> '5. 사업 개요' 구역의 빈 단락에 7개의 행과 3개의 열이 있는 표를 삽입하시오. 첫 번째 행의 왼쪽부터 '목표', '대상', '주요 사업' 순서로 머리글 행을 입력하시오.

01 '5. 사업 개요' 구역의 빈 단락을 클릭하고 [삽입] 탭 - [표] 그룹 - [표] - [표 삽입]을 클릭합니다.

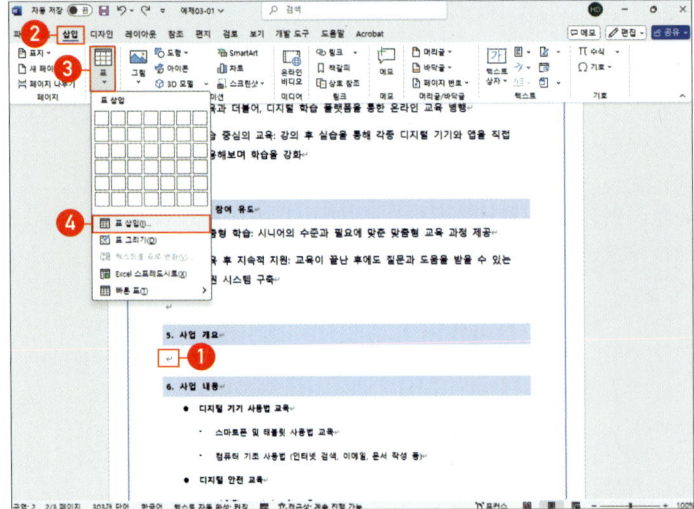

02 [표 삽입] 대화상자에서 행 개수를 '7', 열 개수를 '3'으로 입력하고 [확인] 버튼을 클릭합니다.

03 표의 첫 번째 행에 '목표', '대상', '주요 사업'을 입력합니다.

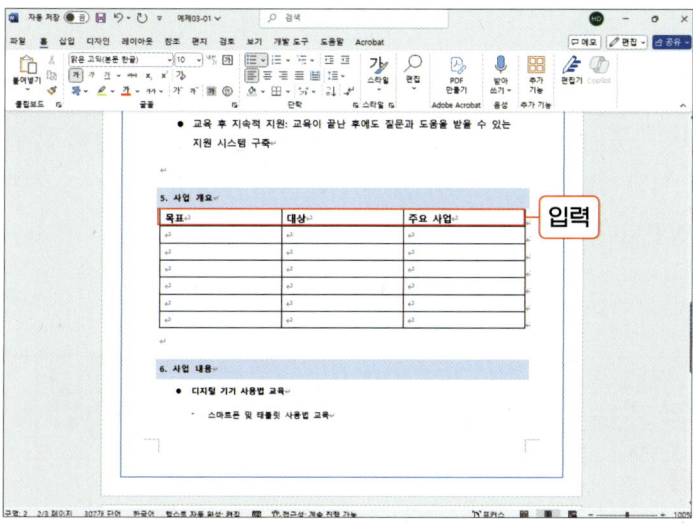

연습문제-03-01

준비 파일 : 연습03-01.docx

01 '직장 내 괴롭힘 신고 사건 처리 경과' 구역에서 쉼표로 구분된 텍스트를 6열로 된 표로 변환하시오(정확한 열 너비는 중요하지 않음).

02 '직장예절 안내문' 구역의 빈 단락에 2행 3열의 표를 삽입하고, 머리글 행에 '일자', '부서', '작성자'를 입력하시오.

Section 02 표 수정

삽입된 표의 디자인 및 레이아웃을 수정하는 문제가 출제될 가능성이 높습니다.

Keyword 데이터 정렬, 셀 여백, 열 너비, 셀 병합, 표 분할, 표 병합, 머리글 행

준비 파일 : 예제03-02.docx

1. 표 속성

표를 삽입하면 [테이블 디자인] 탭과 [표 레이아웃] 탭이 나타납니다. [테이블 디자인] 탭에서는 표 스타일, 테두리, 음영 등을 꾸밀 수 있고, [표 레이아웃] 탭에서는 표의 행 및 열 추가 또는 삭제, 셀 병합 및 셀 분할, 셀 크기 등을 편집할 수 있습니다. 표 크기, 행 높이, 열 너비, 대체 텍스트 등은 표를 마우스 오른쪽 버튼으로 클릭한 후 [표 속성] 메뉴에서 설정합니다.

1 [테이블 디자인] 탭 기능

▲ [테이블 디자인] 탭

① **표 스타일 옵션** : 표 스타일을 적용할 항목에 체크합니다.
② **표 스타일** : 일반 표, 눈금 표, 목록 표 등의 스타일을 빠르게 적용할 수 있습니다.
③ **음영** : 선택한 텍스트, 단락 또는 표 셀의 배경색을 변경합니다.
④ **테두리** : 표의 테두리 스타일, 테두리 두께, 테두리 색 등을 설정합니다.

2 [표 레이아웃] 탭 기능

▲ [표 레이아웃] 탭

① **표** : 표의 속성(표, 행, 열, 셀, 대체 텍스트 등)을 설정합니다.
② **행 및 열** : 선택한 행이나 열을 기준으로 행 또는 열을 삭제하거나 삽입합니다.
③ **병합** : 여러 개의 셀을 하나로 병합하거나, 행 또는 열의 개수를 설정해 셀을 분할하거나 표를 분할합니다.
④ **셀 크기** : 선택한 셀의 높이와 너비를 설정합니다. 선택한 행의 높이와 열의 너비를 모두 같게 조절할 수 있고, 자동 맞춤 기능으로 표 안의 내용이나 창의 크기에 맞춰 표의 너비를 조절할 수 있습니다.
⑤ **맞춤** : 선택한 셀의 텍스트 정렬, 텍스트 방향, 셀 여백을 설정합니다.
⑥ **데이터** : 표의 내용을 오름차순 또는 내림차순으로 정렬하고, 여러 페이지마다 머리글 행이 반복되도록 설정할 수 있습니다. 표를 일반 텍스트로 변환하고, 간단한 수식을 계산하는 기능도 있습니다.

2. 표 데이터 정렬

표의 내용을 사전순이나 숫자순으로 정렬할 수 있습니다.

> **예제 01** ★★★
> '학과'를 기준으로 하여 오름차순으로 표 데이터를 정렬하시오.

01 'Ⅱ. 참여자' 구역의 표를 선택하고 [표 레이아웃] 탭 - [데이터] 그룹 - [정렬]을 클릭합니다.

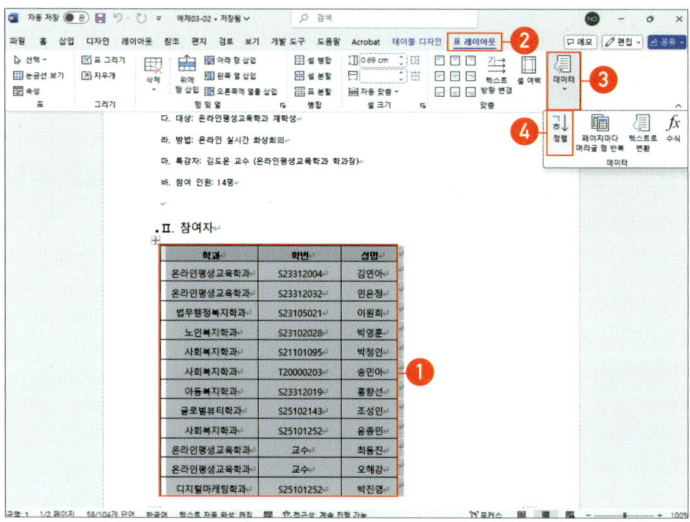

02 [정렬] 대화상자에서 첫째 기준을 '학과'로 선택하고 '오름차순'을 선택한 후 [확인] 버튼을 클릭합니다.

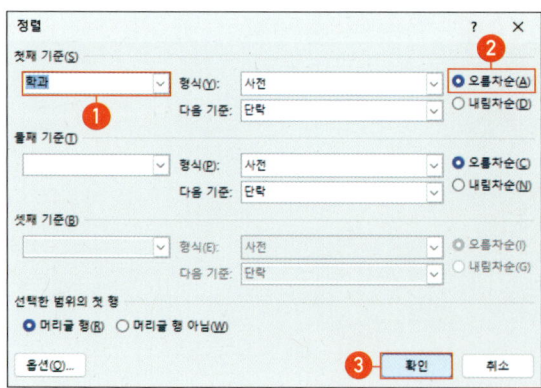

03 표의 데이터가 '학과'를 기준으로 하여 오름차순으로 정렬되는 것을 확인할 수 있습니다.

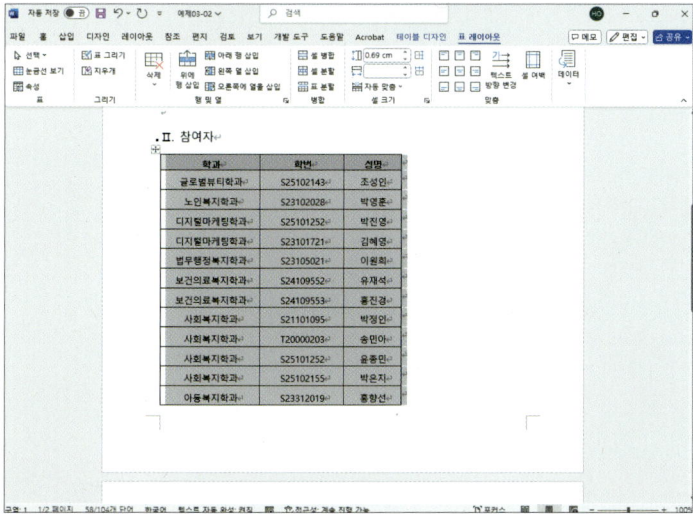

3. 표 여백 설정

표의 셀 여백과 셀 사이의 공백을 사용자가 지정할 수 있습니다.

> **예제 02**
> ★★★
> 'Ⅱ. 참여자' 구역에서 표의 오른쪽 셀 여백을 0으로 변경하시오.

01 'Ⅱ. 참여자' 구역의 표를 선택하고 [표 레이아웃] 탭 - [맞춤] 그룹 - [셀 여백]을 클릭합니다.

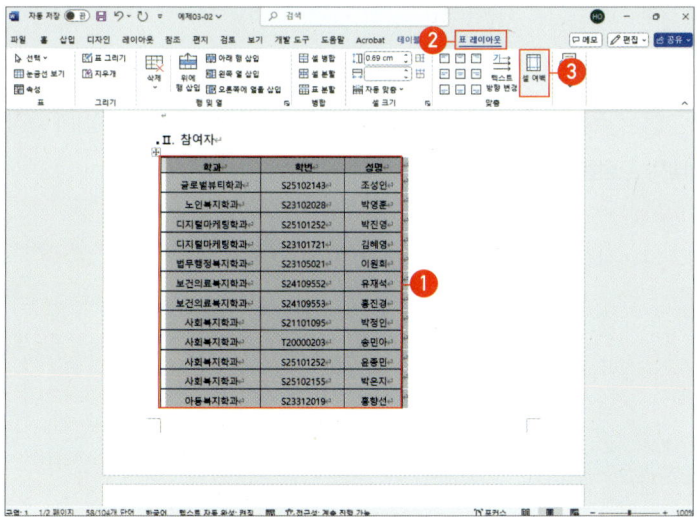

02 [표 옵션] 대화상자에서 기본 셀 여백의 오른쪽 값을 '0'으로 입력하고 [확인] 버튼을 클릭합니다.

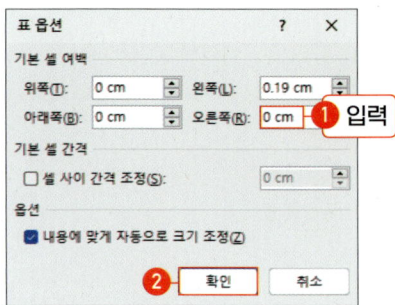

4. 크기 조절

1 표 크기 조절하기

▶ **방법 1** : 표의 왼쪽 상단에 있는 조절점(⊕)을 클릭해 표 전체를 선택한 후 [표 레이아웃] 탭 - [표] 그룹 - [속성]을 클릭하면 [표 속성] 대화상자에서 표의 크기를 지정할 수 있습니다.

▶ **방법 2** : 표의 오른쪽 하단에 있는 작은 조절점(□)을 드래그하면 표의 가로 너비나 세로 길이를 조절할 수 있습니다.

2 행 높이/열 너비 같게 하기

▶ **행 높이 같게 하기** : [표 레이아웃] 탭 - [셀 크기] 그룹 - [행 높이를 같게]를 클릭하면 모든 행의 높이를 같게 조절할 수 있습니다.

▶ **열 너비 같게 하기** : [표 레이아웃] 탭 - [셀 크기] 그룹 - [열 너비를 같게]를 클릭하면 모든 열의 너비를 같게 조절할 수 있습니다.

3 열 너비 고정하기

▶ **전체 열 너비 고정하기** : [표 레이아웃] 탭 - [표] 그룹 - [속성]을 클릭한 후 [표 속성] 대화상자의 크기 항목에서 '너비 지정'에 체크하고 표의 크기를 입력하면 표의 모든 너비가 고정됩니다.

예제 03
★★★

'Ⅱ. 참여자' 구역에서 표의 '학번'과 '성명' 열 너비가 같도록 조절하시오. '학과' 열 너비는 변경되지 않아야 합니다.

01 'Ⅱ. 참여자' 구역의 표에서 '학번' 열과 '성명' 열을 선택하고 [표 레이아웃] 탭 - [셀 크기] 그룹 - [열 너비를 같게]를 클릭합니다.

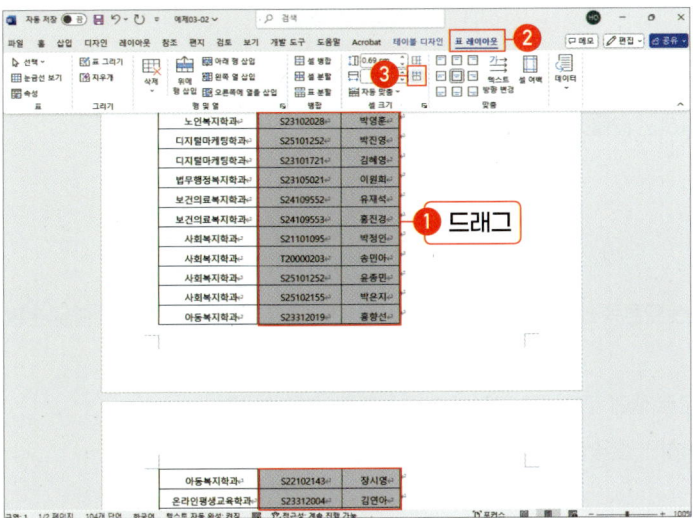

+ PLUS +
표의 범위가 여러 페이지에 걸쳐 있다면, 페이지마다 해당 열을 모두 선택해야 합니다.

5. 셀 병합 및 분할

1 셀 병합

표의 여러 셀을 하나의 셀로 합치는 기능입니다.

▶ **바로 가기 메뉴** : 병합하려는 여러 셀을 블록으로 지정한 후 마우스 오른쪽 버튼 클릭 - 바로 가기 메뉴에서 [셀 병합]을 클릭하면 병합할 수 있습니다.

▶ **지우개 기능** : 지우개 기능을 사용해 셀 구분선을 삭제한 후에 셀을 병합할 수 있습니다.

▶ [표 레이아웃] 탭 - [병합] 그룹 - [셀 병합]을 클릭하면 셀을 병합할 수 있습니다.

2 셀 분할

표의 셀을 여러 개로 나누는 기능입니다.

▶ **바로 가기 메뉴** : 분할할 셀에 커서를 두고 마우스 오른쪽 버튼 클릭 - 바로 가기 메뉴에서 [셀 분할]을 클릭하면 셀을 분할할 수 있습니다.

▶ **표 그리기 기능** : 표를 선택하고 표 그리기 기능으로 셀에 구분선을 그리면 셀을 분할할 수 있습니다.

▶ [표 레이아웃] 탭 - [병합] 그룹 - [셀 분할]을 클릭하면 셀을 분할할 수 있습니다.

예제 04 ★★★ 'Ⅱ. 참여자' 구역에서 표의 마지막 행 3개의 셀을 병합하시오.

01 'Ⅱ. 참여자' 구역에 있는 표의 마지막 행 3개의 셀을 블록으로 지정하고 [표 레이아웃] 탭 - [병합] 그룹 - [셀 병합]을 클릭합니다.

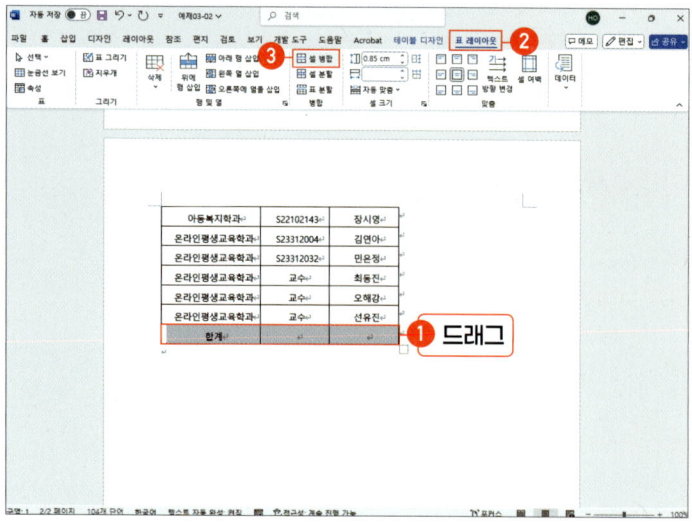

6. 표 분할

표의 크기가 너무 커서 내용을 분리하고 싶을 때에는 표 분할 기능을 사용할 수 있습니다. 표를 분할하려는 셀을 클릭하고 [표 레이아웃] 탭 – [병합] 그룹 – [표 분할]을 클릭해 표를 분할합니다. 이때 분리된 셀의 너비는 내용에 따라 자동으로 조절되는 것을 확인할 수 있습니다.

> **예제 05** ★★★   'Ⅱ. 참여자' 구역에서 표를 학번이 '교수'로 된 행부터 두 개의 표로 분할하시오.

01 'Ⅱ. 참여자' 구역에 있는 표의 학번이 '교수'로 된 행을 클릭하고 [표 레이아웃] 탭 - [병합] 그룹 - [표 분할]을 클릭합니다.

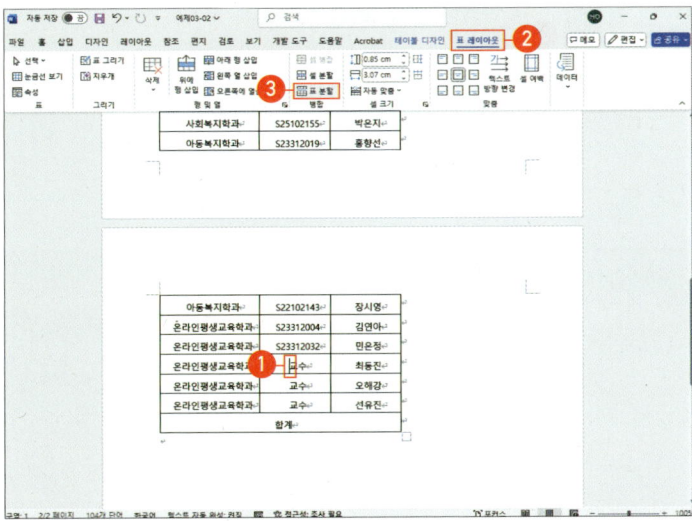

02 선택한 행부터 표가 분할되는 것을 확인할 수 있습니다.

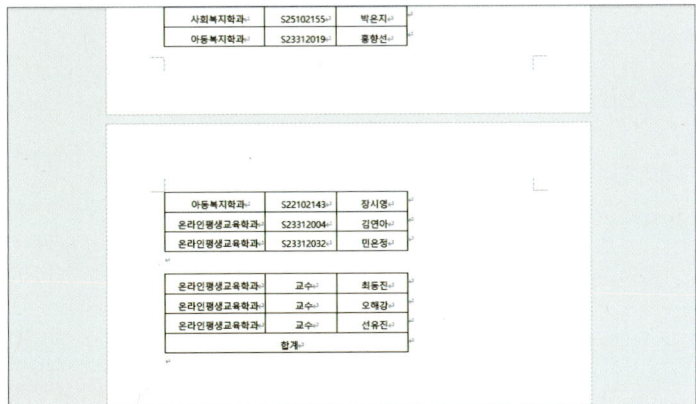

7. 표 머리글 행 반복

표가 두 페이지 이상으로 넘어갈 때 표의 첫 번째 행이 자동으로 각 페이지 상단에 반복되어 표시되는 기능입니다.

> **예제 06** ★★★
> 'II. 참여자' 구역에서 표의 첫 번째 행이 페이지마다 머리글 행 자동 반복이 이루어지도록 설정하시오.

01 'II. 참여자' 구역에서 표의 머리글 행을 클릭하고 [표 레이아웃] 탭 - [데이터] 그룹 - [페이지마다 머리글 행 반복]을 클릭합니다. 표의 머리글 행이 다음 페이지의 표에도 표시되는 것을 확인할 수 있습니다.

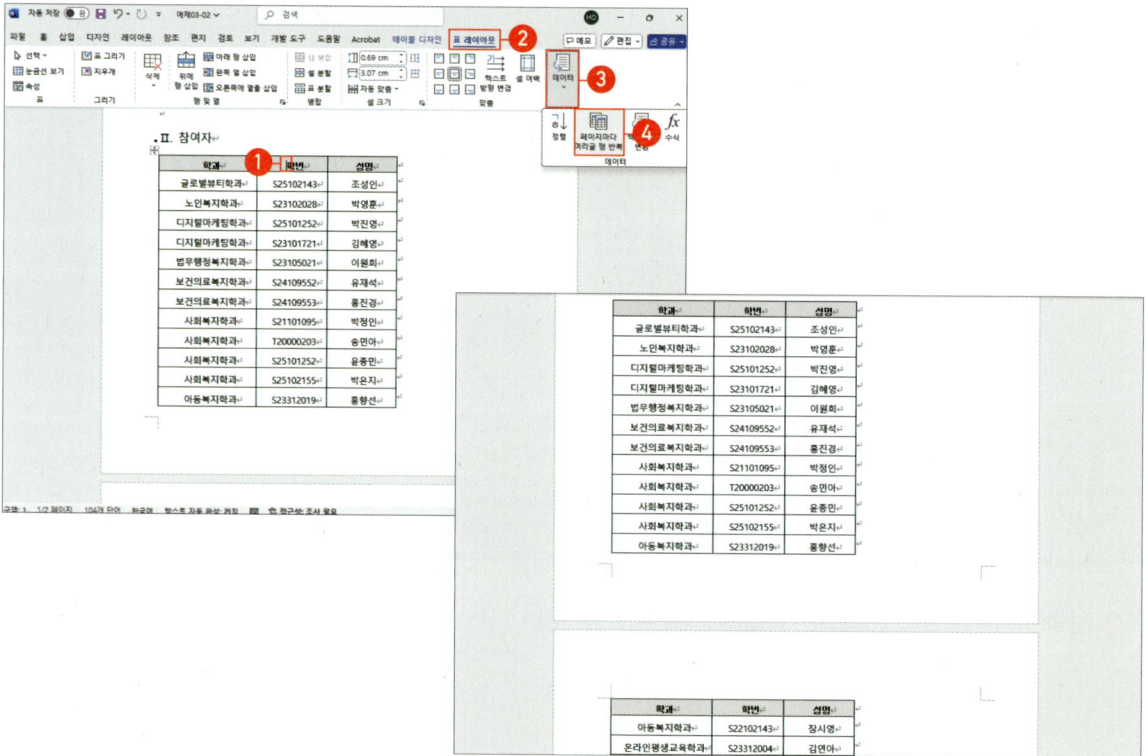

> **연습문제-03-02** 준비 파일 : 연습03-02.docx
>
> **01** '학년'을 기준으로 하여 오름차순으로 표 데이터를 정렬하시오.
> **02** 표의 '성명'과 '학년'의 열 너비가 같도록 조절하시오. '구분'과 '학과' 열의 너비는 변경되지 않아야 합니다.
> **03** 표의 첫 번째 행이 페이지마다 자동 반복이 이루어지도록 설정하시오.

Section 03 목록 만들기 및 수정

개요 목록에 번호 매기기와 글머리 기호를 지정하는 문제가 출제될 가능성이 높습니다.

Keyword 번호 매기기, 글머리 기호, 목록 수준

준비 파일 : 예제03-03.docx

1. 목록 설정

1 번호 매기기

번호 매기기 기능을 이용하여 개요 목록에 다양한 스타일의 번호 항목을 입력할 수 있습니다. 기본적으로 아라비아 숫자, 로마자 등의 순차적인 번호를 입력할 수 있고, 사용자 지정을 통해 원하는 모양으로 번호를 설정할 수 있습니다.

2 글머리 기호

단락에 글머리 기호를 적용하면 내용을 입력할 때 자동으로 글머리 기호가 삽입되어 작업이 매우 편리해집니다.

> **예제 01** ★★★ '1. 목표 설정' 구역에서 제목 다음의 목록을 글머리 기호 목록으로 변환하시오.

01 '1. 목표 설정' 구역에서 제목 다음의 목록을 블록으로 지정한 후 [홈] 탭 - [단락] 그룹 - [글머리 기호]를 클릭합니다.

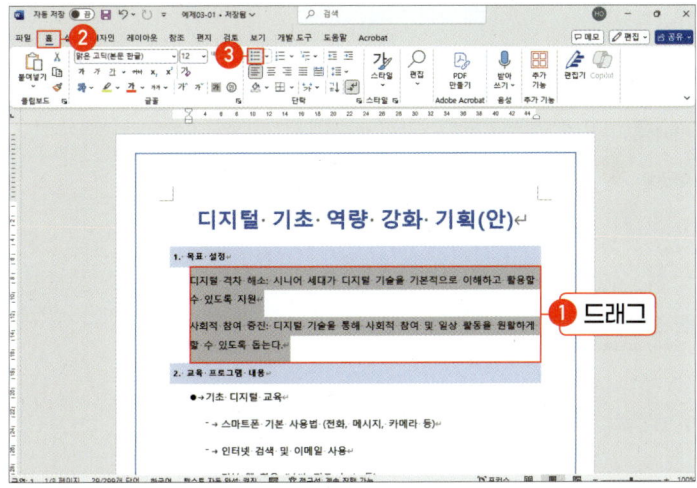

Section 03 목록 만들기 및 수정 **73**

02 블록으로 지정한 단락에 글머리 기호 목록이 표시되는 것을 확인할 수 있습니다.

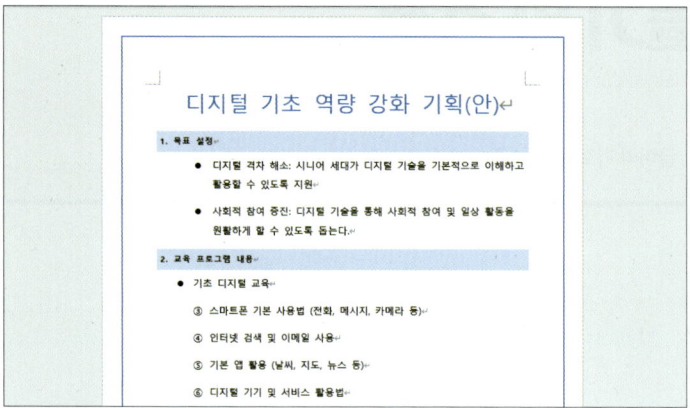

2. 목록 수정

글머리 기호 라이브러리를 이용하면 사용자가 원하는 글머리 기호를 삽입할 수 있습니다. 한 번 삽입된 글머리 기호는 '최근 사용한 글머리 기호'에 표시되기 때문에 반복해서 사용할 수 있습니다.

> **예제 02**
> ★★★
> '3. 교육 방식' 구역의 목록에 사용자 지정 글머리 기호를 사용하여 글머리 기호를 변경하시오.
> Segoe UI Symbol 기호 글꼴과 문자 코드 '2710'(검은색 연필 기호)을 사용하시오.

01 '3. 교육 방식' 구역의 목록을 블록으로 지정하고 [홈] 탭 - [단락] 그룹 - [글머리 기호]의 ▼ 버튼을 클릭하고 [새 글머리 기호 정의]를 클릭합니다.

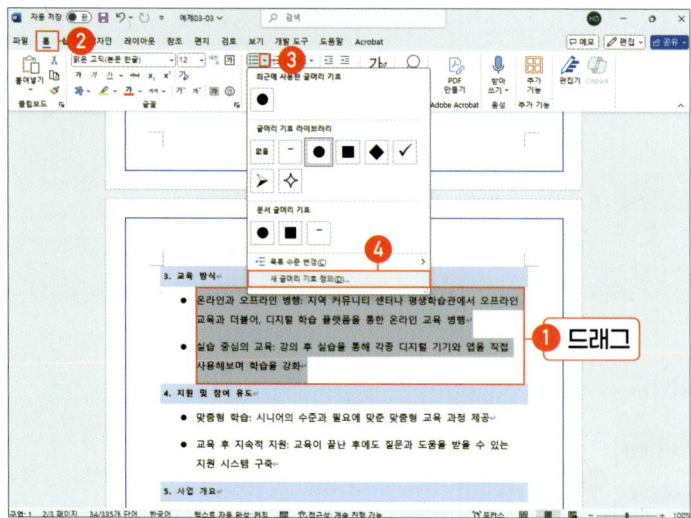

02 [새 글머리 기호 정의] 대화상자의 [기호] 버튼을 클릭합니다.

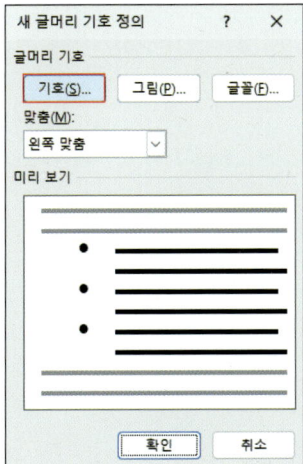

03 [기호] 대화상자에서 글꼴에 'Segoe UI Symbol'을 입력하고, 문자 코드에 '2710'을 입력한 후 그림과 같이 기호가 선택되면 [확인] 버튼을 클릭합니다.

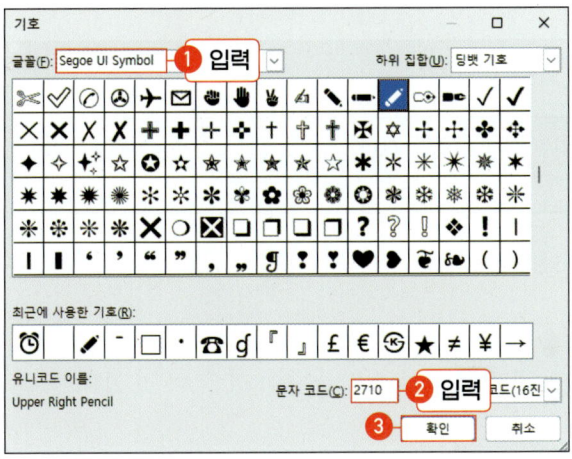

04 [새 글머리 기호 정의] 대화상자의 [확인] 버튼을 클릭합니다.

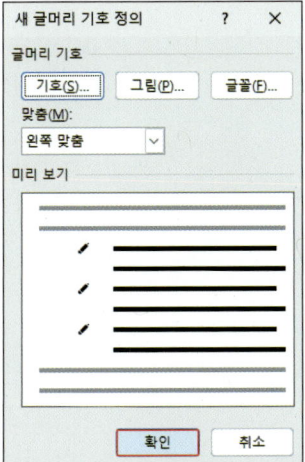

05 글머리 기호 목록이 검은색 연필 기호로 변경된 것을 확인할 수 있습니다.

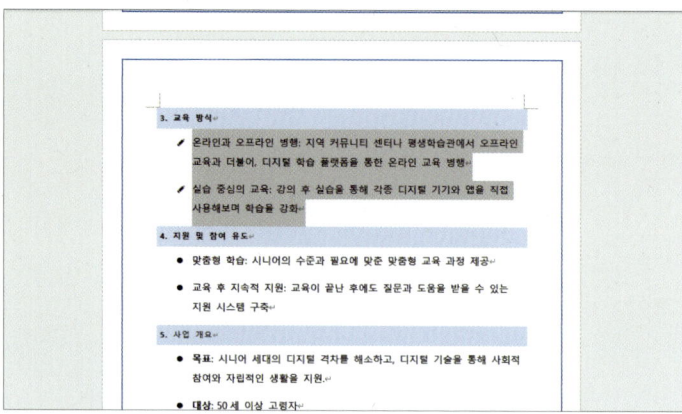

3. 사용자 지정 목록 수정

문자 및 숫자, 특수기호, 그림 등을 글머리 기호로 사용할 수 있고, 이 외에도 사용자가 직접 글머리 기호를 지정할 수 있습니다.

> **예제 03** ★★★ '6. 사업 내용' 구역에서 글머리 기호 목록을 [Chapter 03\이미지] 폴더의 '디지털.png' 파일로 변경하시오.

01 '6. 사업 내용' 구역의 글머리 기호 목록을 블록으로 지정하고 [홈] 탭 - [단락] 그룹 - [글머리 기호]의 ▼ 버튼을 클릭한 후 [새 글머리 기호 정의]를 클릭합니다.

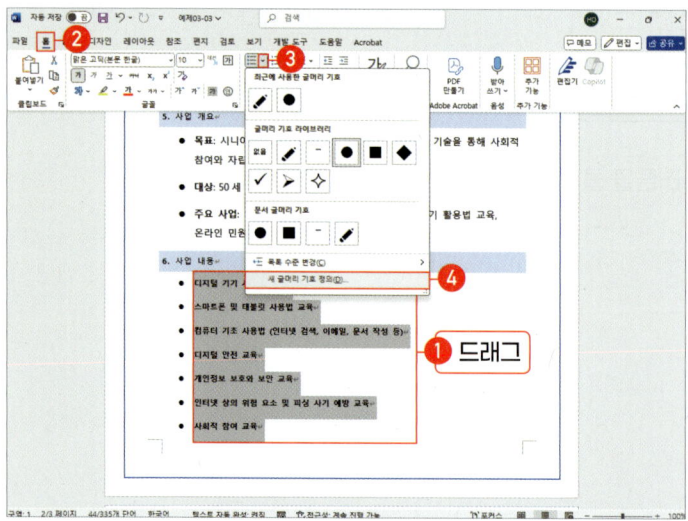

02 [새 글머리 기호 정의] 대화상자의 [그림] 버튼을 클릭합니다.

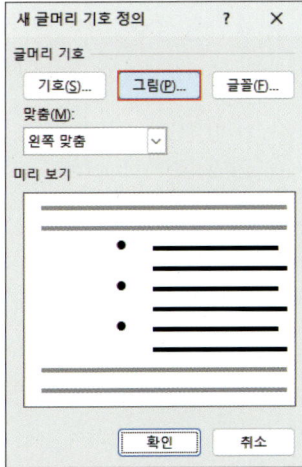

03 [그림 삽입] 대화상자에서 [파일에서]를 클릭합니다.

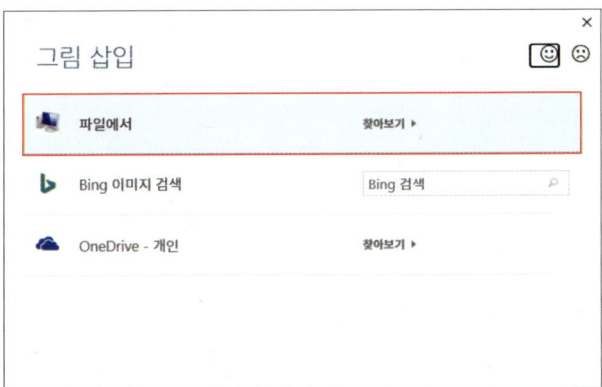

04 [그림 삽입] 대화상자에서 [Chapter 03\이미지] 폴더에 있는 '디지털.png' 파일을 선택하고 [삽입] 버튼을 클릭합니다.

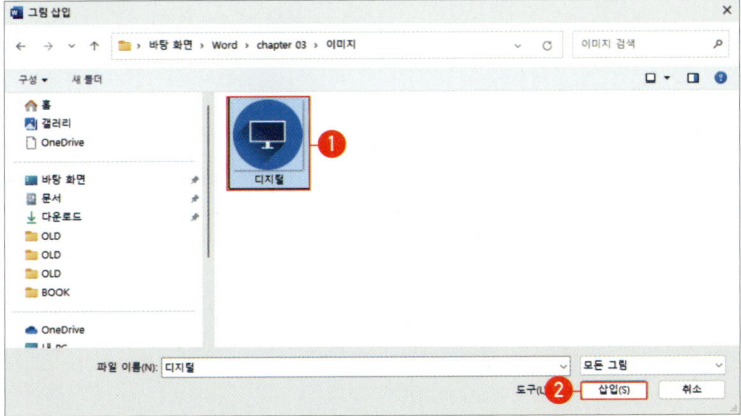

05 [새 글머리 기호 정의] 대화상자의 [확인] 버튼을 클릭합니다.

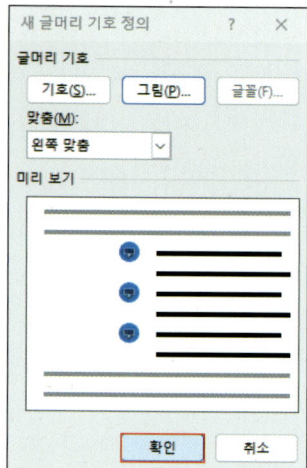

06 글머리 기호가 '디지털.png' 파일로 변경된 것을 확인할 수 있습니다.

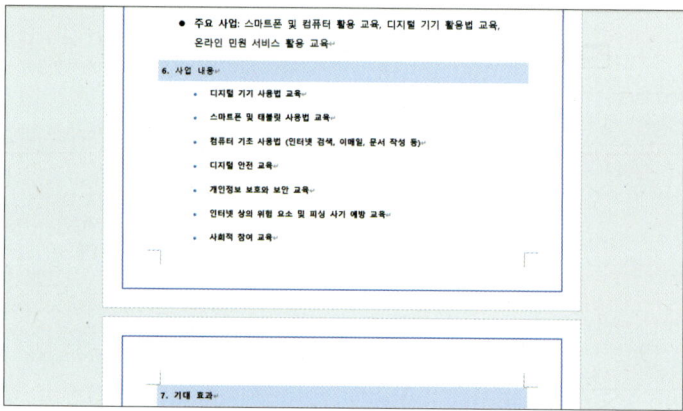

4. 목록 수준 변경

글머리 기호의 목록 수준을 첫 번째 항목에서 두 번째 항목으로 변경할 때에는 글머리 기호를 변경할 곳을 블록으로 지정한 후 Tab 키를 눌러 줍니다. 반대로 수준을 올릴 때에는 글머리 기호를 변경할 곳을 블록으로 지정한 후 Shift + Tab 키를 눌러 줍니다. 이 외에 다른 방법으로 글머리 기호의 목록 수준을 변경해도 좋습니다.

> **예제 04** ★★★
> '2. 교육 프로그램 내용' 구역의 글머리 기호 목록에서 '디지털 안전 교육'의 목록 수준을 '수준 2'로 변경하시오.

01 '디지털 안전 교육'의 글머리 기호 목록을 블록으로 지정한 후 [홈] 탭 - [단락] 그룹 - [글머리 기호]의 ⌄ 버튼을 클릭하고 [목록 수준 변경] - [수준 2]를 클릭합니다.

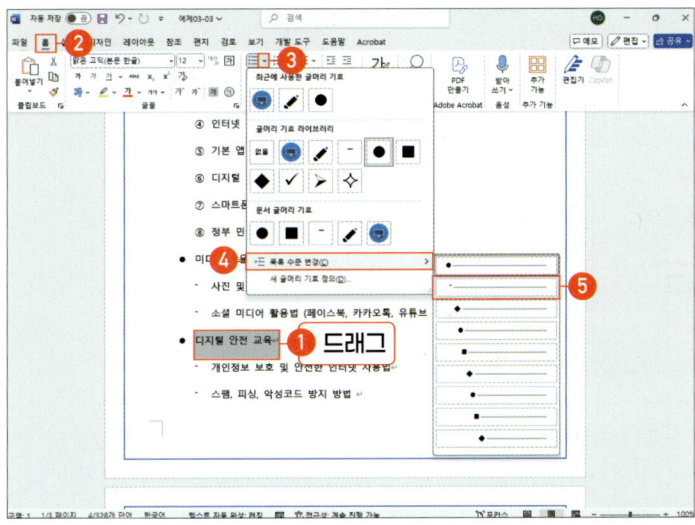

02 '디지털 안전 교육'의 글머리 기호 목록이 변경된 것을 확인할 수 있습니다.

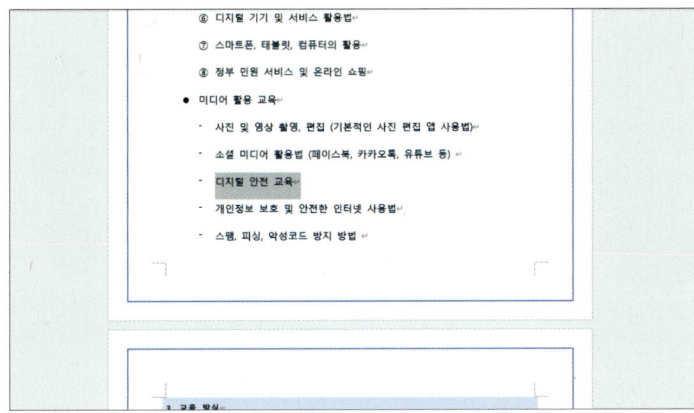

5. 목록 번호 매기기 값 설정

자동으로 생성된 목록 번호의 시작값이나 중간값을 사용자가 직접 지정할 수 있습니다.

> **예제 05** ★★★ ｜ '2. 교육 프로그램 내용' 구역에서 ①부터 ⑥까지 목록의 번호 매기기를 다시 시작하시오.

01 '2. 교육 프로그램 내용' 구역의 번호 목록을 블록으로 지정하고 [홈] 탭 - [단락] 그룹 - [번호 매기기]의 ⌵ 버튼을 클릭한 후 [번호 매기기 값 설정]을 클릭합니다.

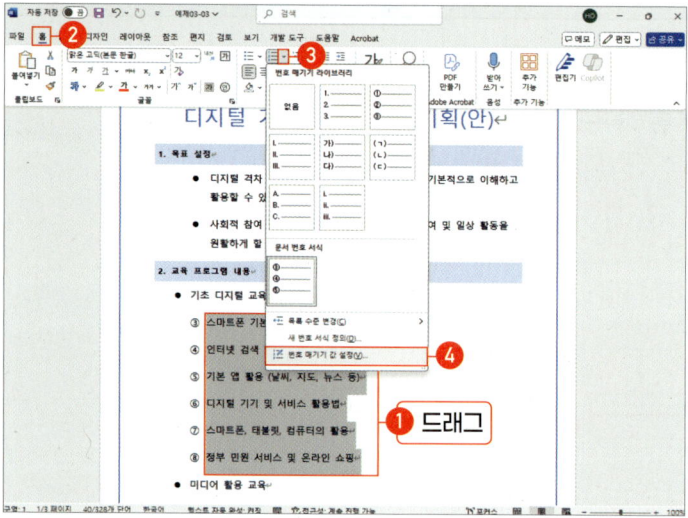

02 [번호 매기기 값 설정] 대화상자의 시작 번호를 '①'로 줄인 후 [확인] 버튼을 클릭합니다.

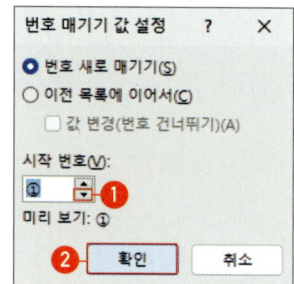

03 해당 단락의 시작 번호가 '③'에서 '①'로 변경된 것을 확인할 수 있습니다.

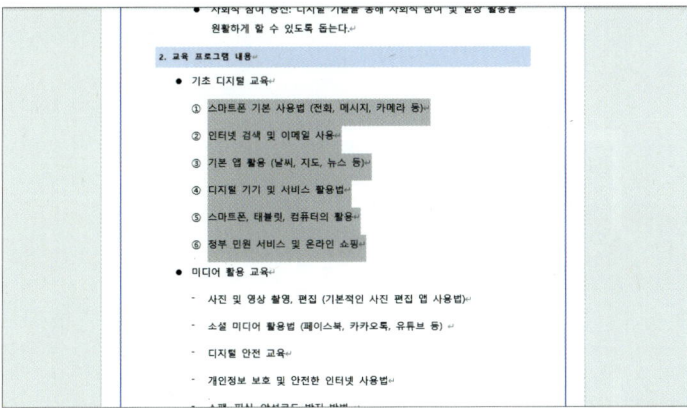

연습문제-03-03

준비 파일 : 연습03-03.docx

01 2페이지 제목 아래 목록에 사용자 지정 글머리 기호를 사용하여 글머리 기호를 변경하시오. Segoe UI Symbol 기호 글꼴과 문자 코드 '23F0'(검은색 시계 기호)을 사용하시오.

02 1페이지 제목 아래의 목록에 1부터 4까지 번호 매기기를 다시 시작하시오.

CHAPTER 04

참조 생성 및 관리

특정 문자에 각주나 미주를 삽입하고 번호 서식을 수정하는 문제와 기본 스타일을 활용한 목차 삽입과 같은 참조 요소 생성 관련 문제가 출제될 가능성이 높습니다.

Section 01 각주, 미주 생성 및 관리
Section 02 목차 생성 및 관리

Section 01 각주, 미주 생성 및 관리

특정 문자에 각주 또는 미주를 삽입하고 번호 서식을 수정하는 문제가 출제될 가능성이 높습니다.

Keyword 각주, 미주

준비 파일 : 예제04-01.docx

1. 각주 및 미주 삽입

특정 단어의 참조 설명이 필요하거나, 참고 문헌 등과 같이 보충 설명이 필요한 경우에는 각주와 미주를 사용합니다. 각주는 단어가 있는 페이지 하단에 표시되고, 미주는 문서의 맨 마지막에 표시됩니다.

예제 01 ★★★ 1 페이지의 '한국 음식 소개' 구역의 두 번째 문장에서 '대표음식' 뒤에 각주를 삽입하시오. '세계적으로 유명한 한식 이미지는 홈페이지를 참고하세요.'라는 각주 텍스트를 입력하시오.

01 '한국 음식 소개' 구역에서 두 번째 문장에 있는 '대표음식' 텍스트의 뒤를 클릭한 후 [참조] 탭 - [각주] 그룹 - [각주 삽입]을 클릭합니다.

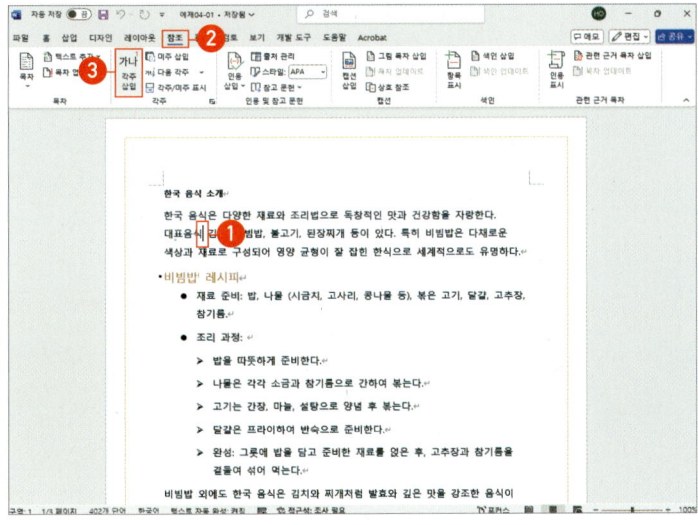

02 각주가 삽입되면 '세계적으로 유명한 한식 이미지는 홈페이지를 참고하세요.'를 입력합니다.

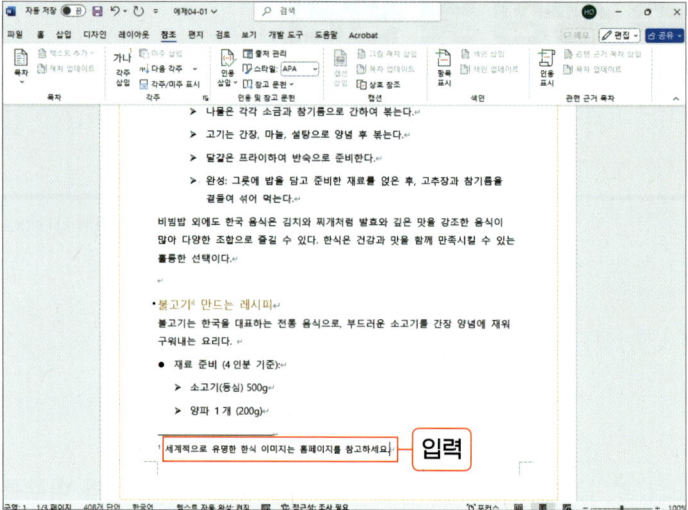

2. 각주 및 미주 수정

▶ **각주 및 미주 수정** : 수정할 각주 또는 미주를 클릭한 후 [참조] 탭 - [각주] 그룹의 대화상자를 열고 원하는 번호 서식의 기호를 선택합니다.

▶ **각주 및 미주 삭제** : 각주 또는 미주의 참조 번호를 선택하고 Delete 키를 누르면 각주 또는 미주가 삭제됩니다. 각주와 미주를 삭제하면 일련번호도 자동으로 변경됩니다.

예제 02
★★★ 미주의 번호 서식을 A 문자로 시작하는 기호 목록으로 변경하시오.

01 맨 마지막 페이지에 있는 미주를 클릭하고 [참조] 탭 - [각주] 그룹의 대화상자를 열어줍니다.

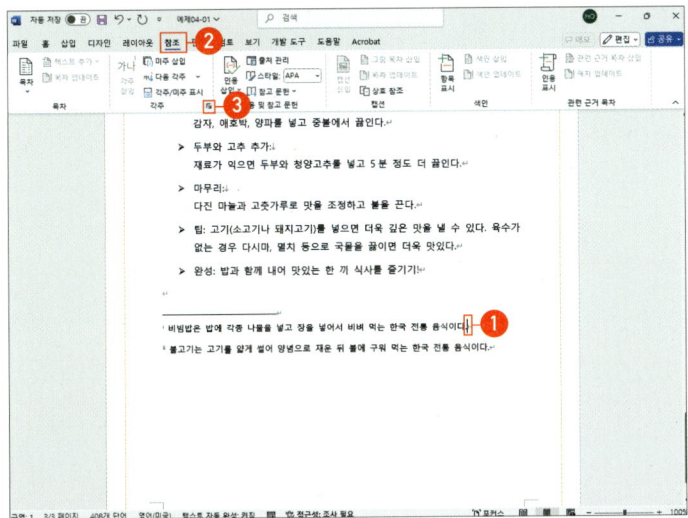

02 [각주 및 미주] 대화상자에서 위치는 '미주', 번호 서식은 ☑ 버튼을 클릭하고 'A, B, C, …'를 선택한 후 [적용] 버튼을 클릭합니다.

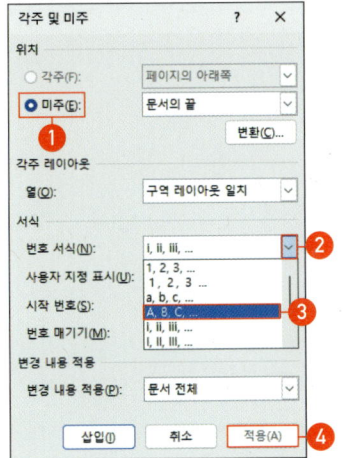

03 미주의 번호 서식이 변경된 것을 확인할 수 있습니다.

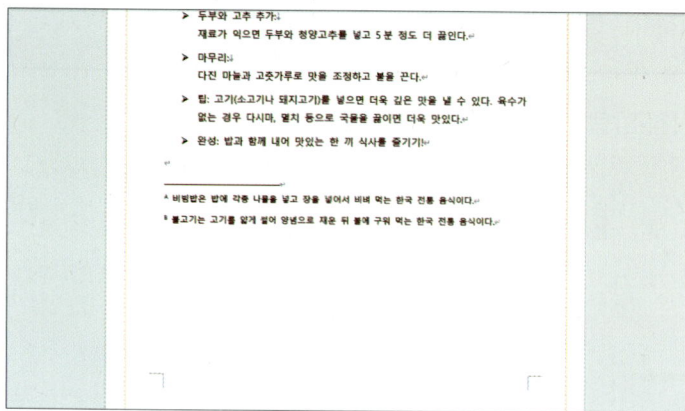

연습문제-04-01
준비 파일 : 연습04-01.docx

01 1 페이지의 'SWOT 분석' 제목 뒤에 각주를 삽입하시오. '기업의 강점과 약점, 환경적 기회와 위협을 분석한 기법'이라는 각주 텍스트를 입력하시오.

02 각주의 번호 서식을 별표(*)로 시작하는 기호 목록으로 변경하시오.

Section 02 목차 생성 및 관리

스타일을 적용한 목차를 삽입하는 문제가 출제될 가능성이 높습니다.

Keyword 문서 검사, 문서 속성, 개인 정보, 호환성 모드

준비 파일 : 예제04-02.docx

1. 목차 삽입

목차는 본문의 제목과 해당 페이지를 일목요연하게 파악할 수 있도록 도와주는 역할을 합니다. 기본으로 제공되는 스타일이나 사용자가 직접 지정한 스타일로 목차를 삽입할 수 있고, 스타일을 적용한 제목이나 페이지를 변경하면 목차 업데이트 기능으로 목차를 수정할 수 있어 편리합니다.

> **예제 01** ★★★ 1 페이지의 노란색 텍스트 상자 안에 '자동 목차 2' 스타일의 목차를 삽입하시오.

01 1 페이지의 노란색 텍스트 상자를 선택하고 [참조] 탭 - [목차] 그룹 - [목차]를 클릭한 후 '자동 목차 2'를 선택합니다.

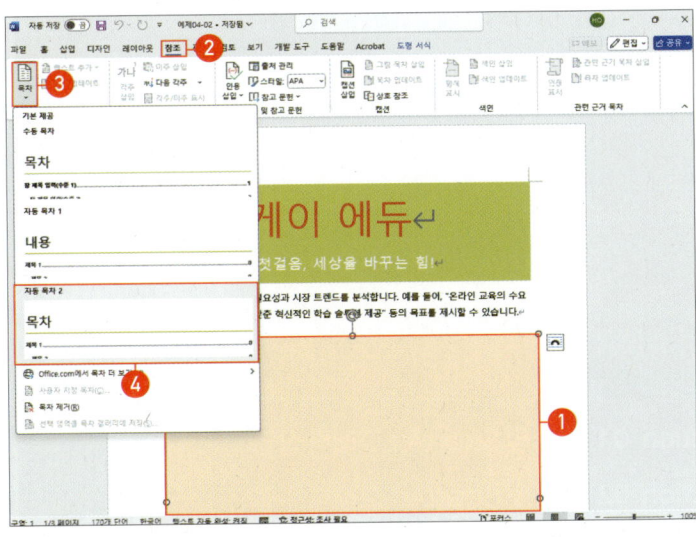

> **연습문제-04-02** 준비 파일 : 연습04-02.docx
>
> 01 1 페이지의 파란색 텍스트 상자 안에 목차를 삽입하시오. '자동 목차 1' 스타일을 사용하시오.

CHAPTER 05

개체 삽입 및 서식 적용

문서에 그림, SmartArt, 텍스트 상자를 삽입하고 서식을 변경하는 문제와 개체 및 텍스트의 레이아웃을 설정하고 대체 텍스트를 추가하는 접근성과 관련된 문제가 출제될 가능성이 높습니다.

Section 01 그림 및 SmartArt 그래픽 삽입
Section 02 그림 및 SmartArt 그래픽 수정
Section 03 그래픽 요소에 텍스트 추가
Section 04 그래픽 요소 수정

Section 01 그림 및 SmartArt 그래픽 삽입

문서에 그림 및 SmartArt 그래픽을 삽입하는 문제가 출제될 가능성이 높습니다.

Keyword 그림, 이미지, SmartArt

준비 파일 : 예제05-01.docx

1. 그림 삽입

그림을 삽입한 후 그림의 선명도, 밝기/대비, 색 채도, 색조, 꾸밈 효과 등을 조정할 수 있으며, 다양한 꾸밈 효과를 한 번에 적용할 수 있는 그림 스타일 기능도 사용할 수 있습니다. 그림 파일의 종류로는 jpg, bmp, tif, gif, wmf 등이 있습니다.

> **예제 01** ★★★
> '꽃다발 만들기' 제목 아래 단락에 [Chapter 05\이미지] 폴더의 '꽃다발.jpg' 파일을 삽입하시오. 그림의 레이아웃을 정사각형으로 배치하시오.

01 '꽃다발 만들기' 제목 아래 단락을 클릭하고 [삽입] 탭 - [일러스트레이션] 그룹 - [그림]을 클릭하고 [이 디바이스]를 선택합니다.

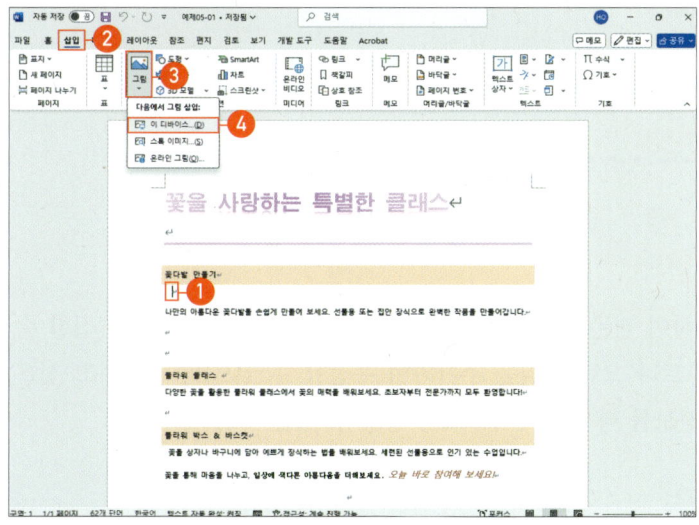

02 [그림 삽입] 대화상자의 [Chapter 05\이미지] 폴더에서 '꽃다발.jpg' 파일을 선택하고 [삽입] 버튼을 클릭합니다.

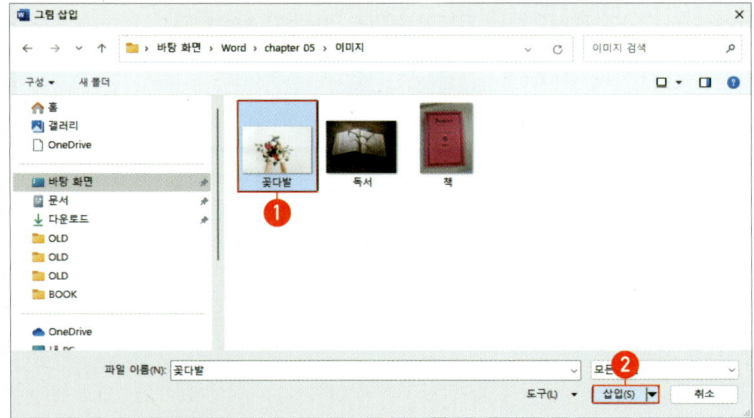

03 삽입한 그림의 오른쪽 상단에 있는 [레이아웃 옵션]을 클릭한 후 '정사각형'을 선택합니다.

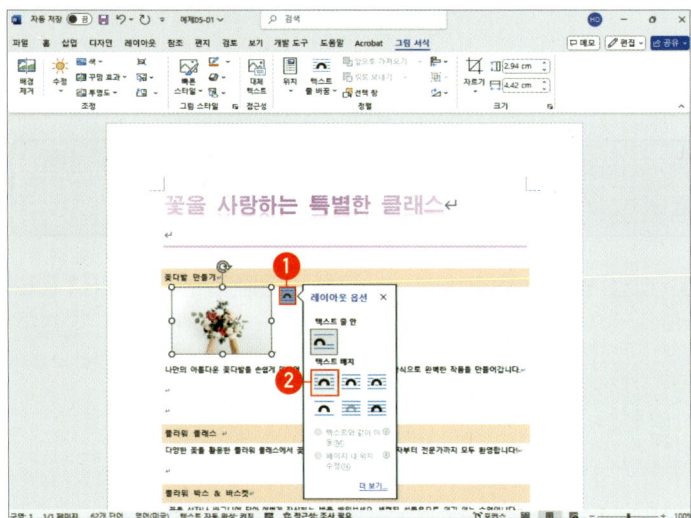

2. SmartArt 그래픽 삽입

SmartArt 그래픽은 텍스트와 도형을 조합하여 전문적인 수준의 그래픽 요소를 쉽고 간단하게 편집할 수 있는 기능입니다. SmartArt 그래픽에 텍스트나 그림 파일을 추가하여 수정할 수 있으며, 강조하고 싶은 부분의 색상, 크기, 스타일 등을 조정하여 정보를 더욱 시각적으로 구성할 수 있습니다.

예제 02 ★★★

문서의 맨 마지막 빈 단락에 '수렴 방사형' SmartArt 그래픽(관계형 범주)을 삽입하시오. 사각형 도형에 '기초', '중급', '고급'을 순서에 상관없이 입력하고, 원형 도형에 '마스터'를 입력하시오.

01 문서 마지막 부분의 빈 단락을 클릭하고 [삽입] 탭 - [일러스트레이션] 그룹 - [SmartArt]를 클릭합니다.

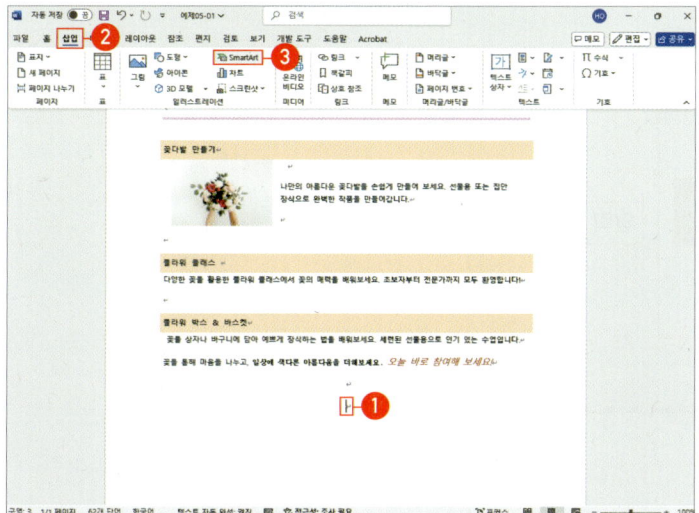

02 [SmartArt 그래픽 선택] 대화상자에서 [관계형]을 클릭하고 '수렴 방사형' SmartArt 그래픽을 선택한 후 [확인] 버튼을 클릭합니다.

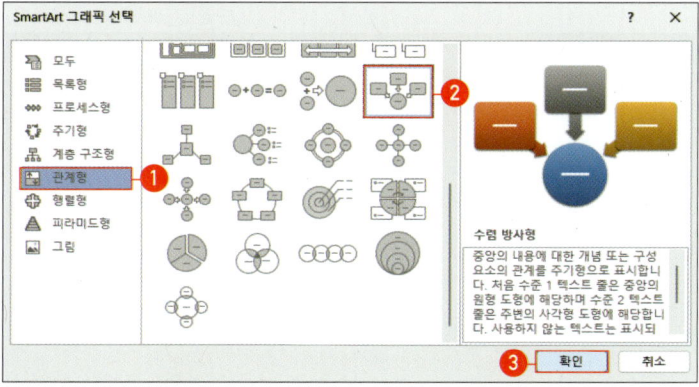

03 SmartArt 그래픽 사각형 도형에 '기초', '중급', '고급'을 그림과 같이 입력한 후 원형 도형에 '마스터'를 입력합니다.

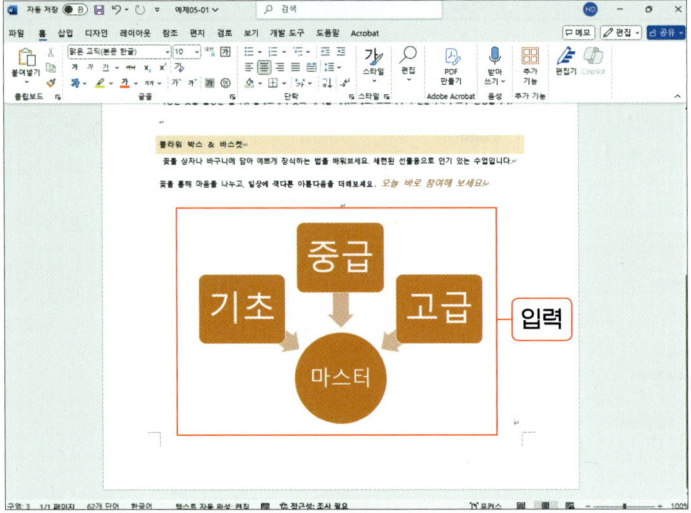

연습문제-05-01

준비 파일 : 연습05-01.docx

01 1 페이지의 '독서, 인생의 변화를 가져오는 힘' 제목 아래 단락에 [Chapter 05\이미지] 폴더의 '독서.jpg' 파일을 삽입하시오. 그림을 텍스트 줄 안으로 위치시키시오.

02 2 페이지의 마지막 빈 단락에 '육각형 클러스터형' SmartArt 그래픽(관계형 범주)을 삽입하시오. 순서 상관없이 '목적', '내용', '시간'을 입력하시오.

Section 02 그림 및 SmartArt 그래픽 수정

그림, SmartArt 그래픽, 텍스트의 서식을 수정하는 문제가 출제될 가능성이 높습니다.

Keyword 그림 효과, 꾸밈 효과, 텍스트 효과, SmartArt 색, 배경 제거

준비 파일 : 예제05-02.docx

1. 텍스트 효과 적용

텍스트에 그림자 또는 네온과 같은 효과를 적용하여 시각화하거나, 사용자가 직접 텍스트의 색상 및 윤곽선 등의 효과를 조정하여 적용할 수 있습니다.

예제 01 ★★★ '추천 도서' 구역 표의 첫 행에 있는 텍스트에 미리 정의된 '오프셋: 왼쪽' 그림자 텍스트 효과를 적용하시오.

01 '추천 도서' 구역에 있는 표의 첫 행을 블록으로 지정하여 선택하고 [홈] 탭 - [글꼴] 그룹에서 대화상자를 열어 줍니다.

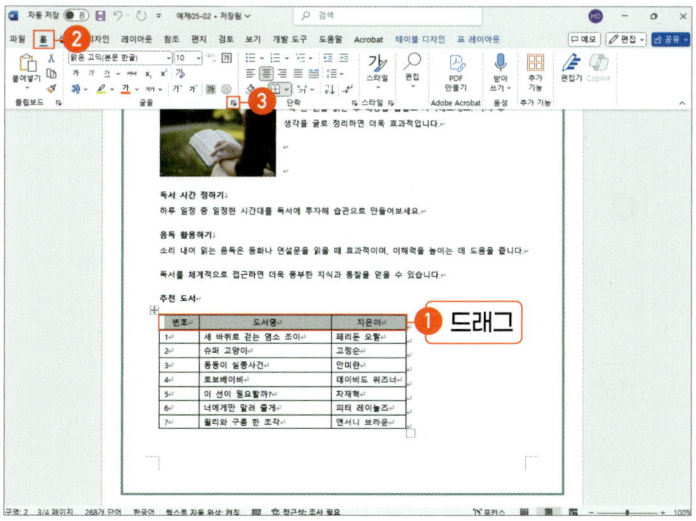

02 [글꼴] 대화상자에서 [텍스트 효과] 버튼을 클릭합니다.

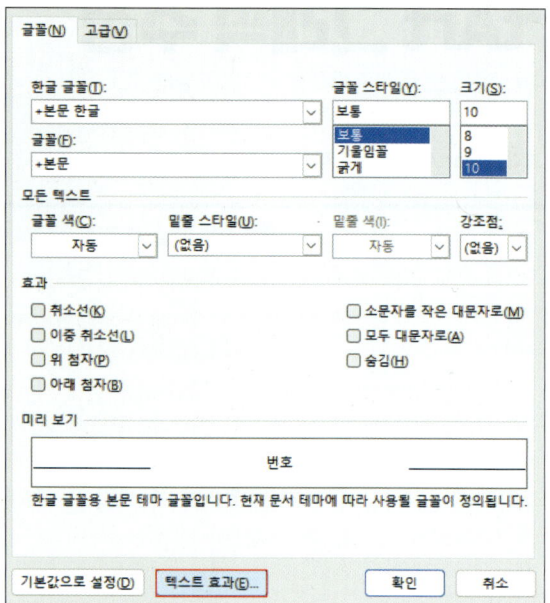

03 [텍스트 효과 서식] 대화상자에서 [텍스트 효과]를 클릭하고 [> 그림자] - [미리 설정]을 클릭한 후 '오프셋: 왼쪽' 그림자 텍스트 효과를 선택합니다.

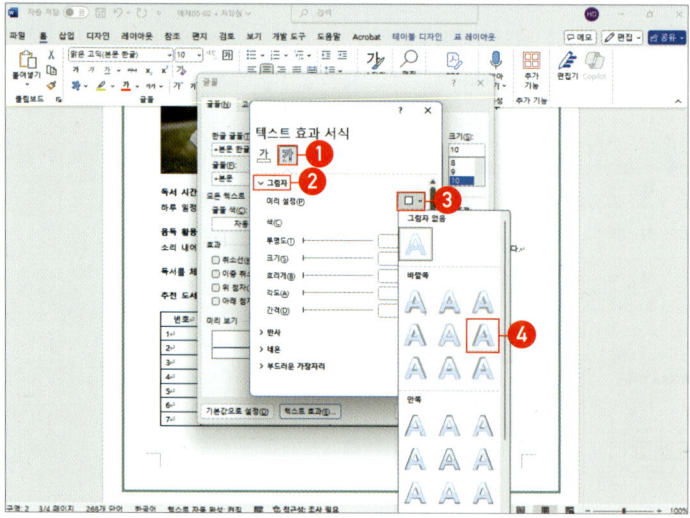

04 [텍스트 효과 서식] 대화상자의 [확인] 버튼을 클릭합니다.

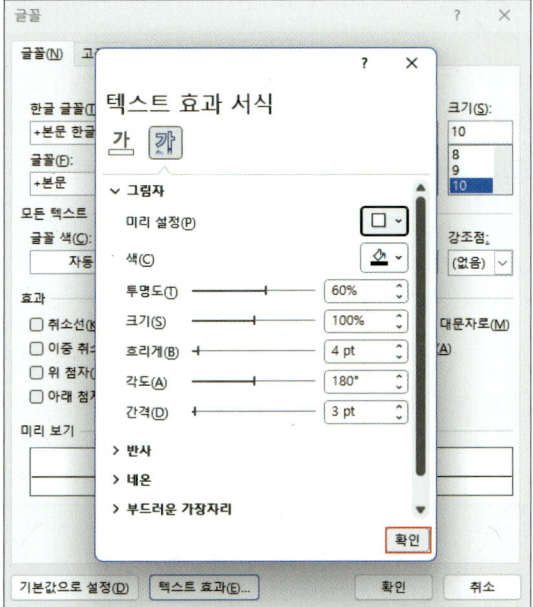

05 [글꼴] 대화상자의 [확인] 버튼을 클릭합니다.

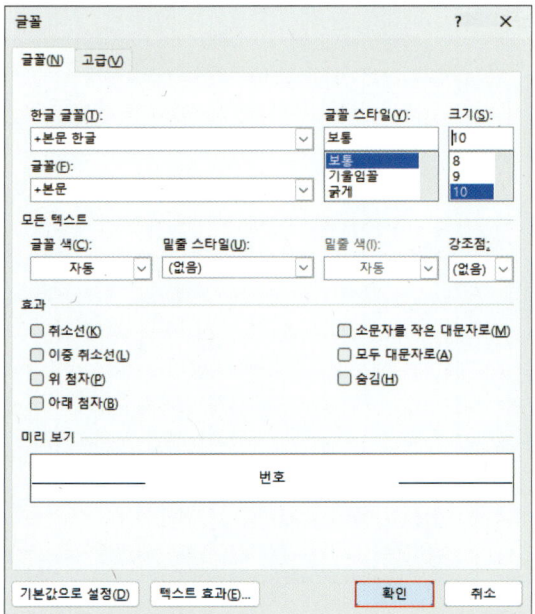

2. 그림 효과 및 그림 스타일 적용

1 그림 효과 및 그림 스타일

그림 효과는 그림에 그림자, 네온, 반사, 3차원 회전 등의 효과를 적용하는 기능입니다. 그림 스타일은 그림의 전체 스타일을 변경하는 기능으로, 미리 정의되어 있는 스타일을 적용해 그림의 스타일을 빠르게 변경할 수 있습니다. 그림을 선택한 후 [그림 스타일], [그림 효과]를 적용해 문서를 꾸며봅니다.

2 꾸밈 효과

꾸밈 효과는 그림을 스케치나 회화처럼 보이도록 꾸며주는 기능입니다. [그림 서식] 탭 - [조정] 그룹 - [꾸밈 효과]를 클릭하거나, [그림 서식] 탭 - [그림 스타일] 그룹의 대화상자를 열어 [효과] - [꾸밈 효과] 항목에서 효과를 적용합니다.

> **예제 02** ★★★
> '독서와 사색' 구역에 있는 그림에 '부드러운 가장자리 - 5 포인트' 그림 효과를 적용하고 '표식' 꾸밈 효과를 적용하시오.

01 '독서와 사색' 구역의 그림을 클릭하고 [그림 서식] 탭 - [그림 스타일] 그룹 - [그림 효과]를 클릭합니다.

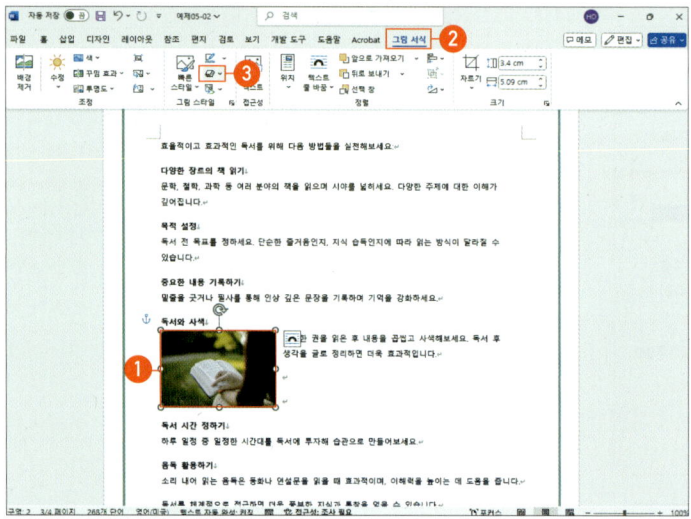

02 [부드러운 가장자리]를 클릭하고 '5 포인트'를 선택합니다.

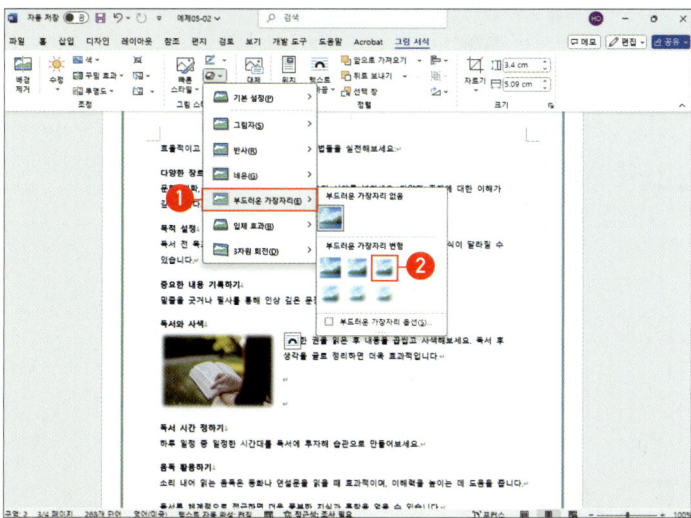

03 [그림 서식] 탭 - [조정] 그룹 - [꾸밈 효과]를 클릭합니다.

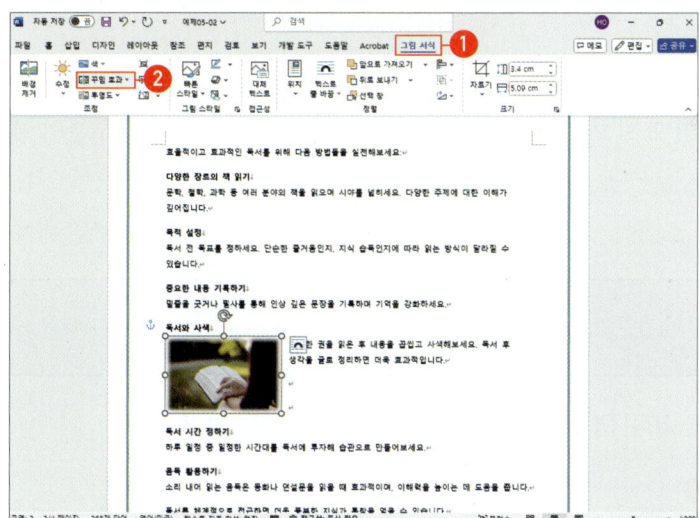

04 '표식' 꾸밈 효과를 선택합니다.

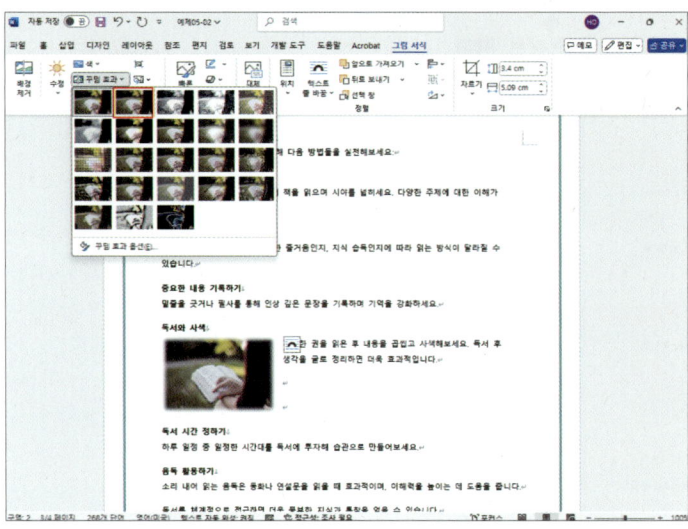

3. 그림 배경 제거

문서에 삽입한 그림의 배경이나 가리고 싶은 부분을 [배경 제거]를 통해 제거할 수 있습니다. 배경을 제거한 후 보관할 영역 표시 기능과 제거할 영역 표시 기능을 통해 그림에서 유지할 부분과 제거할 부분의 세밀한 선택이 가능합니다.

예제 03 ★★★ | 문서의 마지막에 있는 그림에 Word 기능을 사용하여 배경을 제거하시오.

01 문서 마지막에 있는 그림을 클릭하고 [그림 서식] 탭 - [조정] 그룹의 [배경 제거]를 클릭합니다.

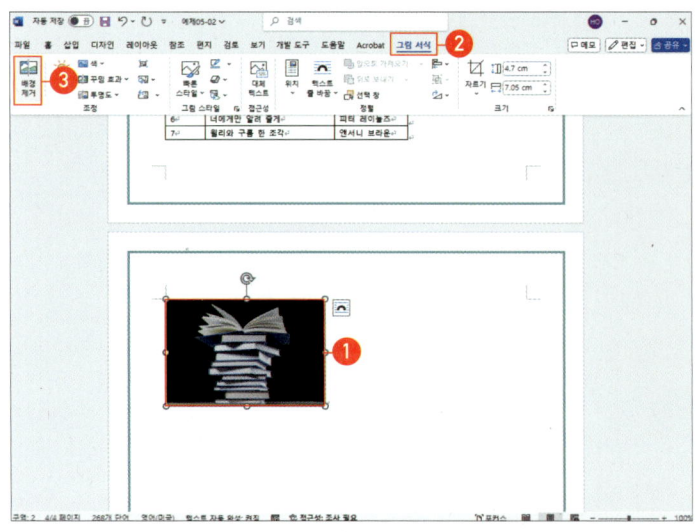

+ PLUS +
보관할 영역 표시 및 제거할 영역 표시 기능으로 제거할 부분과 남길 부분의 세밀한 선택이 가능하지만, 시험에서는 그림의 배경만 제거한 후에 다음 문제로 넘어갑니다.

02 [배경 제거] 탭 - [닫기] 그룹 - [변경 내용 유지]를 클릭합니다.

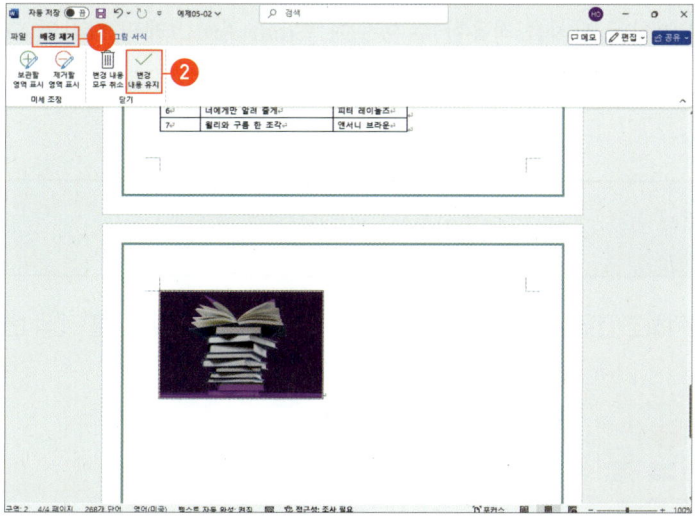

03 그림의 배경이 제거된 것을 확인할 수 있습니다.

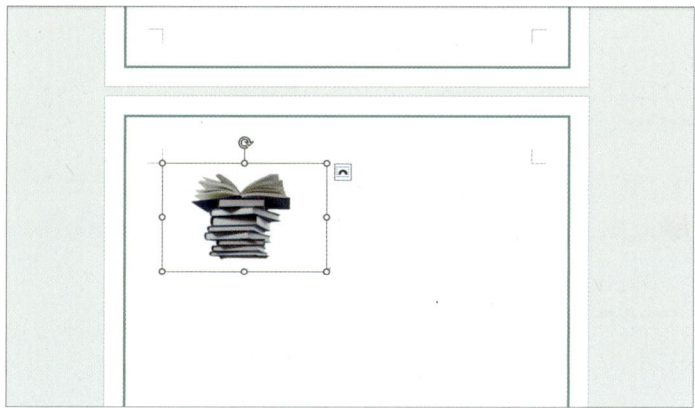

4. SmartArt 그래픽 서식 지정

미리 정의되어 있는 SmartArt 그래픽 스타일이나 서식을 적용할 수 있으며, SmartArt 그래픽 각각의 도형에도 서식을 적용할 수 있습니다.

예제 04 ★★★ | SmartArt 그래픽의 색을 '어두운 색 2 채우기'로 변경하시오.

01 1 페이지에 있는 SmartArt 그래픽을 선택하고 [SmartArt 디자인] 탭 - [SmartArt 스타일] 그룹 - [색 변경]을 클릭합니다.

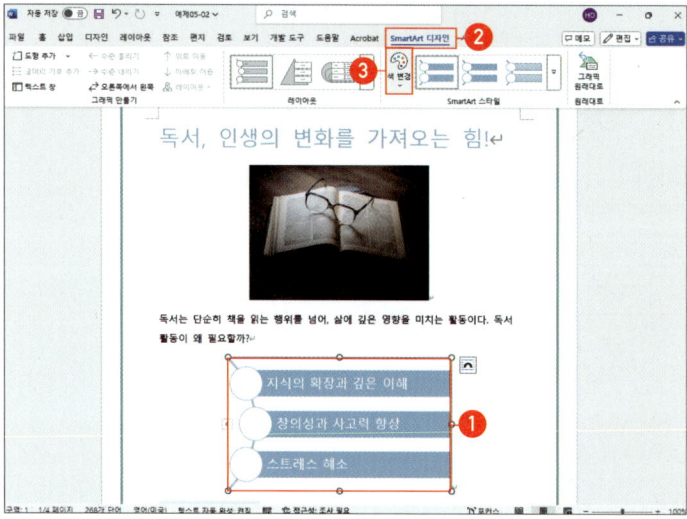

02 기본 테마 색의 '어두운 색 2 채우기'를 클릭합니다.

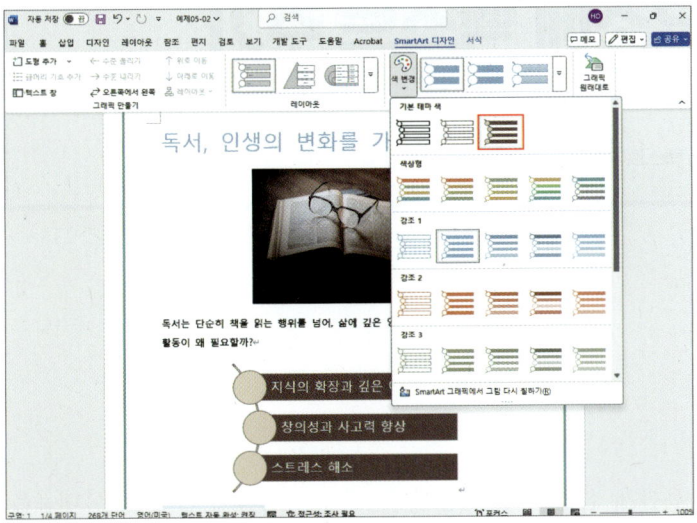

연습문제-05-02
준비 파일 : 연습05-02.docx

01 'SWOT 분석' 구역 표의 첫 번째 행에 있는 텍스트에 미리 정의된 '오프셋: 오른쪽 아래' 그림자 텍스트 효과를 적용하시오.
02 'SWOT 분석' 구역 표 아래에 있는 그림에 '부드러운 가장자리 - 25 포인트' 그림 효과를 적용하고, 그림에 '플라스틱 워프' 꾸밈 효과를 적용하시오.
03 SmartArt 그래픽의 색을 '색상형 - 강조색'으로 변경하여 그 접근성을 개선하시오.

Section 03 그래픽 요소에 텍스트 추가

텍스트 상자에 텍스트를 입력한 후 서식을 변경하는 문제가 출제될 가능성이 높습니다.

Keyword 텍스트 상자, 텍스트 서식

준비 파일 : 예제05-03.docx

1. 텍스트 추가

텍스트 상자는 문서의 위치에 상관없이 자유롭게 삽입할 수 있습니다. 텍스트 상자에 너무 많은 내용을 입력하여 전체 내용이 보이지 않는다면 텍스트 상자의 높이를 변경합니다.

> **예제 01** ★★★
> 'STP 분석' 구역에 있는 녹색 텍스트 상자 안에 '세상을 바꾸는 힘' 텍스트를 입력하고 텍스트 상자의 왼쪽으로 맞추시오. 텍스트의 서식을 '굵게', '17 pt'로 변경하시오.

01 'STP 분석' 구역의 텍스트 상자를 클릭하고 '세상을 바꾸는 힘'을 입력합니다.

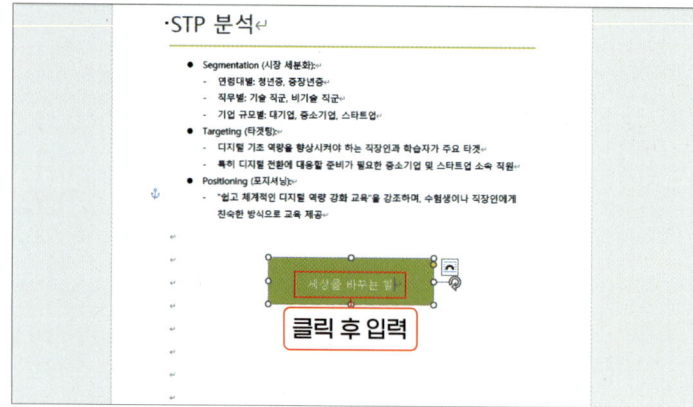

02 입력한 텍스트를 블록으로 지정한 후 [홈] 탭 - [단락] 그룹에서 [왼쪽 맞춤]을 클릭합니다.

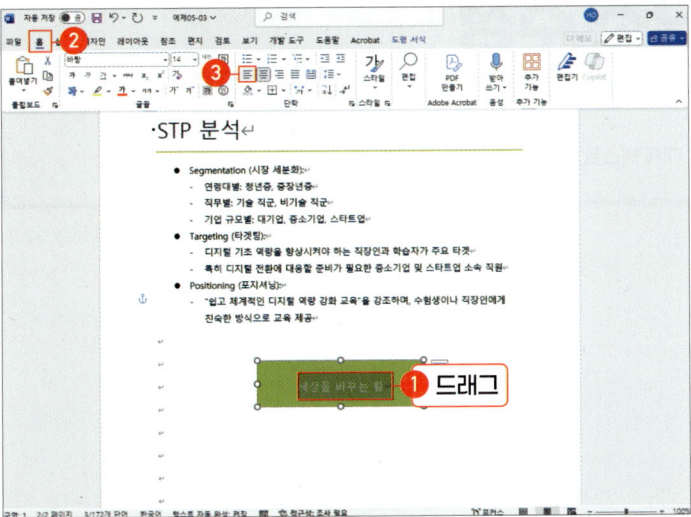

03 [홈] 탭 - [글꼴] 그룹에서 [굵게]를 클릭하고 글꼴 크기에 '17'을 입력합니다.

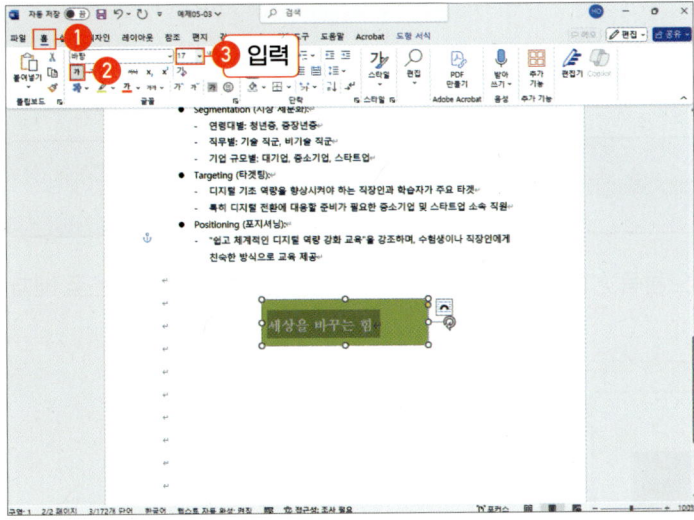

연습문제-05-03

준비 파일 : 연습05-03.docx

01 1 페이지의 갈색 텍스트 상자 안에 '독서, 인생의 변화를 가져오는 힘' 텍스트를 입력하고 텍스트를 텍스트 상자의 가운데로 맞추시오. 텍스트의 서식을 '굵게', '20 pt'로 변경하시오.

Section 04 그래픽 요소 수정

개체와 텍스트의 레이아웃 옵션을 설정하는 문제와 개체에 대체 텍스트를 추가하는 문제가 출제될 가능성이 높습니다.

Keyword 텍스트 배치, 대체 텍스트 설명

준비 파일 : 예제05-04.docx

1. 개체 레이아웃 지정

1 그림 개체와 텍스트 레이아웃

그림을 삽입한 후 오른쪽 상단에 표시되는 [레이아웃 옵션]을 클릭하면 그림 개체를 주위의 텍스트와 어떻게 배치할 것인지 선택할 수 있습니다.

예제 01 ★★★ 1 페이지에 있는 그림의 텍스트 배치를 정사각형으로 변경하시오.

01 1 페이지에 있는 그림을 클릭하고 그림의 오른쪽 상단에 표시되는 [레이아웃 옵션]을 클릭한 후 텍스트 배치의 '정사각형'을 클릭합니다.

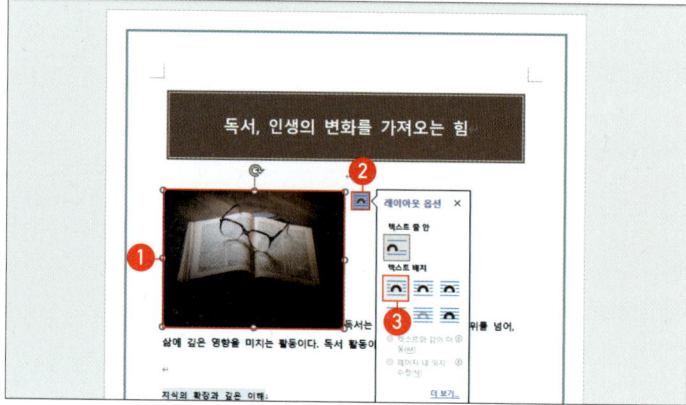

2. 개체에 대체 텍스트 추가

대체 텍스트는 문서에 있는 그림, 도형, 차트, SmartArt 등의 개체에 대한 설명을 추가하여 접근성을 높이는 기능입니다. 이 기능은 특히 화면 읽기 프로그램을 사용하는 사용자의 이해를 돕는데 유용합니다.

> **예제 02**
> ★★★
> 2 페이지에 있는 그림에 대체 텍스트 설명으로 '독서와 사색'을 할당하시오.

01 2 페이지에 있는 그림을 선택하고 [그림 서식] 탭 - [접근성] 그룹 - [대체 텍스트]를 클릭합니다.

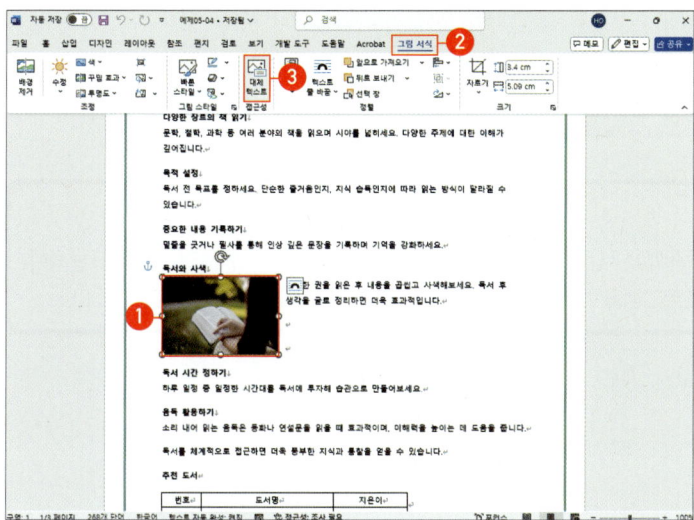

02 [대체 텍스트] 대화상자에 '독서와 사색'을 입력하고 대화상자를 닫아줍니다.

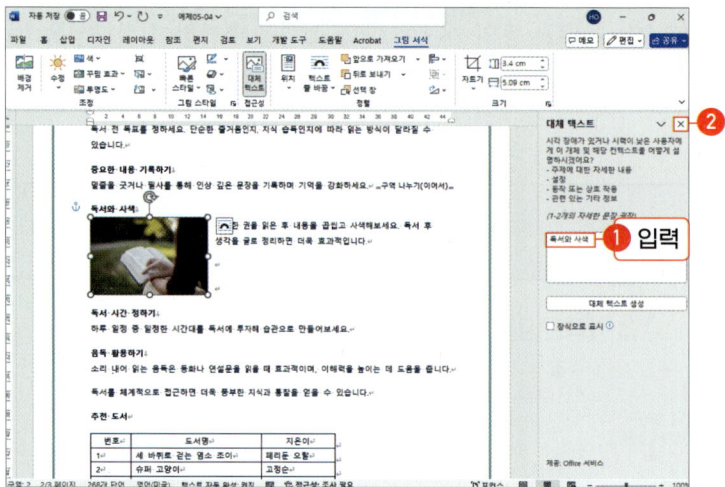

+ PLUS +

'장식으로 표시'에 체크하면 해당 개체가 접근성 도구에서 무시되도록 설정할 수 있습니다. 불필요한 정보가 화면 읽기 프로그램에 의해 읽히지 않도록 할 때 사용하며, 화면 읽기 프로그램을 사용하는 사용자에게 해당 개체는 장식 개체임을 알려줍니다.

연습문제-05-04

준비 파일 : 연습05-04.docx

01 1페이지에 있는 꽃 그림이 첫 번째 제목으로 옮겨지도록 텍스트 줄 안으로 배치하시오.
02 그림의 대체 텍스트 설정을 장식으로 표시하여 화면 읽기 프로그램이 무시되도록 구성하시오.

CHAPTER 06

문서 공동 작업 관리

문서에 메모를 추가, 수정, 회신, 삭제하는 기능과 변경 내용 추적 및 추적 잠금 설정을 통해 공동 작업 과정에서의 협업 기능에 관한 문제가 출제될 가능성이 높습니다.

Section 01 댓글 추가 및 관리
Section 02 변경 내용 추적 관리

Section 01 댓글 추가 및 관리

메모를 추가, 수정, 회신, 삭제하는 문제가 출제될 가능성이 높습니다.

Keyword 메모 삽입, 회신, 해결, 삭제

준비 파일 : 예제06-01.docx

1. 메모 삽입

원본 문서의 내용을 손상시키지 않고 내용을 추가하고 싶을 때 메모를 삽입할 수 있습니다.

▲ [검토] 탭 - [메모] 그룹

① **새 메모** : 문서에 새 메모를 삽입합니다.
② **삭제** : 선택한 메모 또는 문서의 전체 메모를 삭제합니다.
③ **이전** : 이전 메모를 검토합니다.
④ **다음** : 다음 메모를 검토합니다.
⑤ **메모 표시** : 문서의 오른쪽에 모든 메모를 표시합니다.

| 예제 01 ★★★ | '비빔밥 레시피' 제목을 선택하고 '레시피 수정' 메모를 삽입하시오. |

01 '비빔밥 레시피' 제목을 블록으로 지정하여 선택하고 [검토] 탭 - [메모] 그룹 - [새 메모]를 클릭합니다.

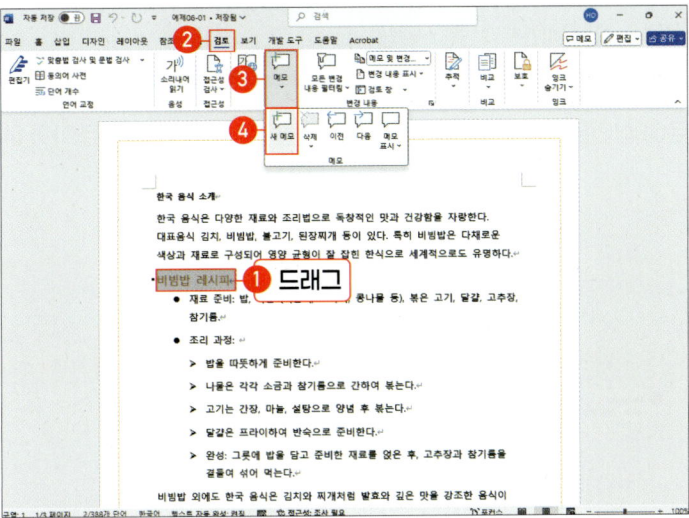

+ PLUS +
전체 화면에서 작업할 때에는 [메모] 그룹을 클릭하지 않아도 됩니다.

02 새 메모가 삽입되면 '레시피 수정'을 입력하고 Ctrl + Enter 키를 누릅니다.

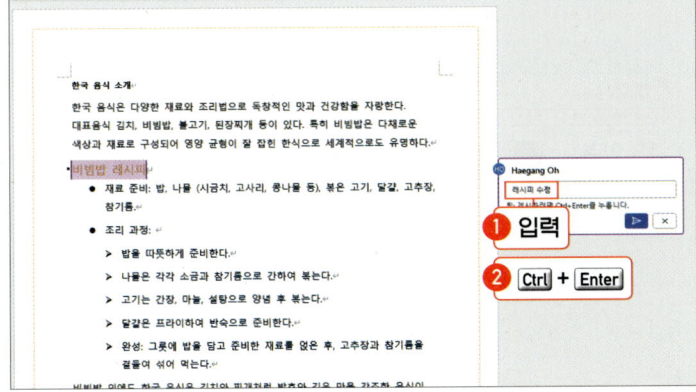

2. 메모 회신

삽입된 메모에 다른 사람과 회신을 주고받을 수 있는 기능입니다.

> **예제 02** ★★★ 1 페이지의 '재료 준비 (4인분 기준)' 메모에 '4인분 기준이 맞습니다.'로 회신하시오.

01 1 페이지의 '재료 준비 (4인분 기준)' 텍스트에 삽입된 메모를 마우스 오른쪽 버튼으로 클릭하고 바로 가기 메뉴에서 [메모에 회신]을 클릭합니다.

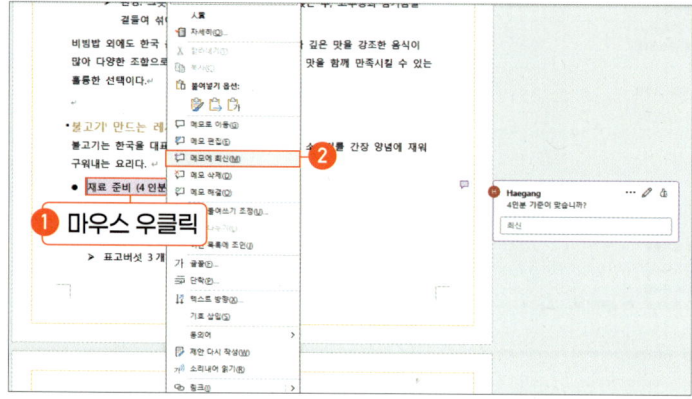

02 회신란에 '4인분 기준이 맞습니다.'를 입력하고 Ctrl + Enter 키를 누릅니다.

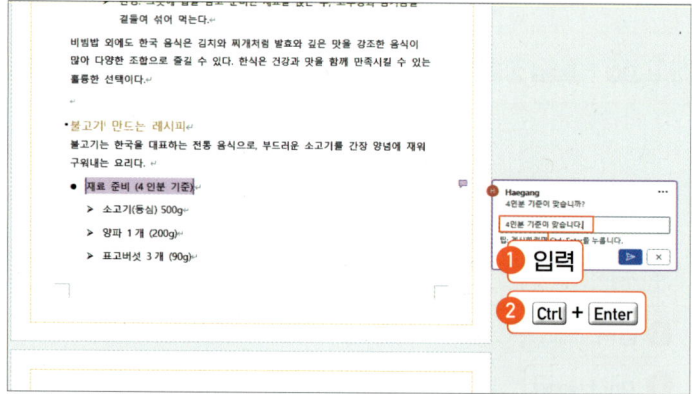

3. 메모 해결

메모로 남긴 문제가 해결되면 메모 해결 기능을 사용할 수 있습니다.

예제 03 ★★★ '된장찌개 레시피' 구역에서 '완성된 음식의 이미지를 촬영해주세요.' 메모를 해결하시오.

01 '된장찌개 레시피' 구역의 '완성' 텍스트에 삽입된 메모를 마우스 오른쪽 버튼으로 클릭하고 바로 가기 메뉴에서 [메모 해결]을 클릭합니다.

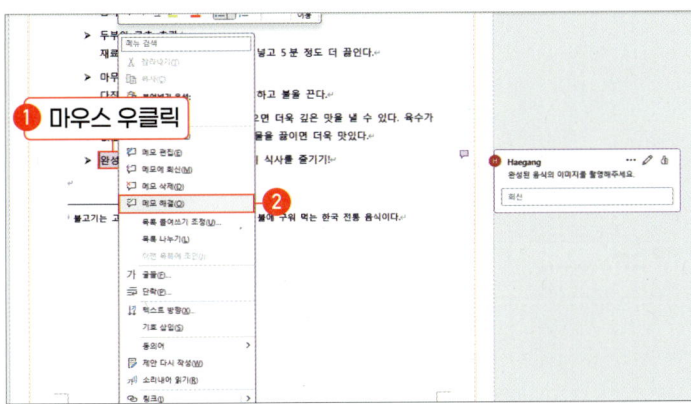

4. 메모 삭제

메모 삭제 기능으로 삽입된 메모를 삭제할 수 있습니다.

> **예제 04** ★★★
> '불고기 만드는 레시피' 구역에서 '완성' 텍스트에 연결된 메모를 삭제하시오.

01 '불고기 만드는 레시피' 구역의 '완성' 텍스트에 삽입된 메모를 마우스 오른쪽 버튼으로 클릭하고 바로 가기 메뉴에서 [메모 삭제]를 클릭합니다.

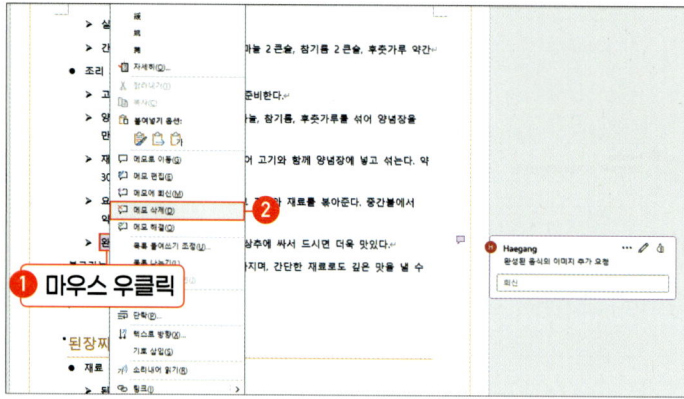

> **연습문제-06-01** 준비 파일 : 연습06-01.docx
>
> 01 'SWOT 분석' 제목을 선택하고 '추가 내용 필요' 메모를 삽입하시오.
> 02 'STP 분석' 구역에서 텍스트 '타겟팅'에 연결된 메모를 삭제하시오.

Section 02 변경 내용 추적 관리

문서에 변경된 내용을 적용하거나 추적 잠금을 설정하는 문제가 출제될 가능성이 높습니다.

Keyword 추적 잠금, 변경 내용 적용

준비 파일 : 예제06-02.docx

1. 변경 내용 추적

원본 문서를 변경하지 않고 변경되는 내용만 표시하려면 '변경 내용 추적' 기능을 사용합니다. 변경되는 내용을 추적할 수 있도록 설정해 놓으면 원본 문서에서 어떤 부분이 달라졌는지 쉽게 파악할 수 있습니다.

> **예제 01** ★★★
> 문서의 추적 잠금 기능을 켜고 다른 사용자가 추적 잠금을 해제하기 전에 먼저 암호 '12345'를 입력하도록 설정하시오.

01 [검토] 탭 - [추적] 그룹 - [변경 내용 추적]을 클릭하고 [추적 잠금]을 클릭합니다.

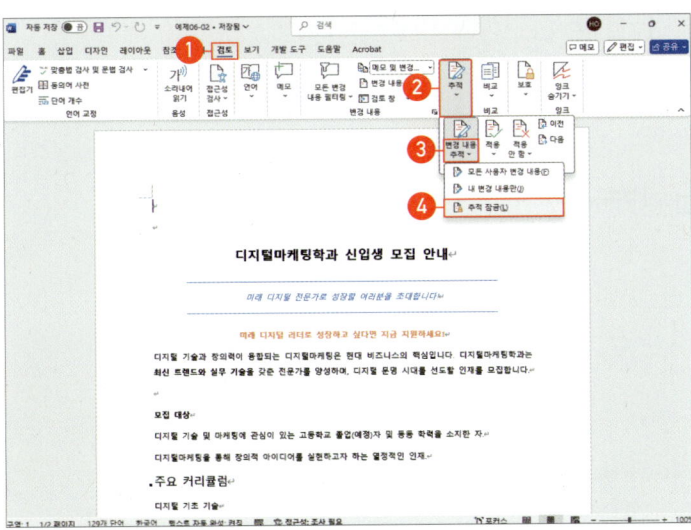

> **+ PLUS +**
> 전체 화면에서 작업할 때에는 [추적] 그룹을 클릭하지 않아도 됩니다.

02 [추적 잠금] 대화상자에서 암호 입력에 '12345'를 입력하고, 확인을 위해 다시 입력에 '12345'를 입력한 후 [확인] 버튼을 클릭합니다.

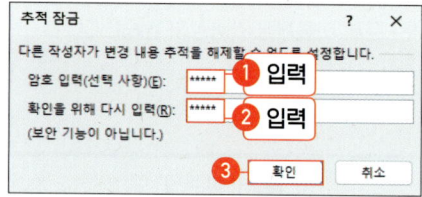

2. 변경 내용 적용

삽입 또는 삭제된 내용이나 서식이 변경된 내용을 현재 문서에 모두 적용하는 기능입니다. 문서가 거의 완성된 상태에서 다른 사용자와 함께 수정하거나 의견을 나눌 때 유용하게 사용할 수 있습니다.

> **예제 02** ★★★
> '디지털마케팅학과 신입생 모집 안내' 제목 텍스트의 글꼴 색을 '파랑, 강조 1'로 수정한 후, 추적 잠금을 해제하시오(암호: 12345). 변경 내용을 모두 적용하고 추적 중지를 수행하시오.

01 '디지털마케팅학과 신입생 모집 안내' 제목 텍스트를 블록으로 지정한 후 [홈] 탭 - [글꼴] 그룹 - [글꼴 색]의 ▼ 버튼을 클릭하고 '파랑, 강조 1'을 클릭합니다.

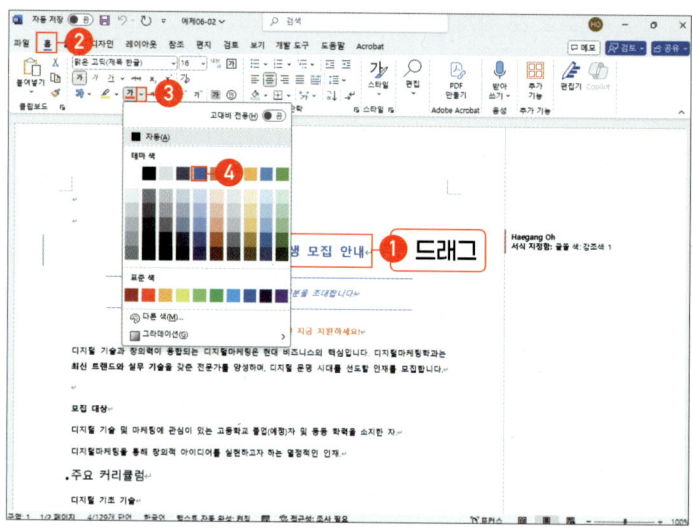

+ PLUS +
예제 01에서 문서의 추적 잠금 기능을 켜놨기 때문에 변경되는 내용이 모두 추적되어 표시됩니다.

02 [검토] 탭 - [추적] 그룹 - [변경 내용 추적] - [추적 잠금]을 클릭합니다.

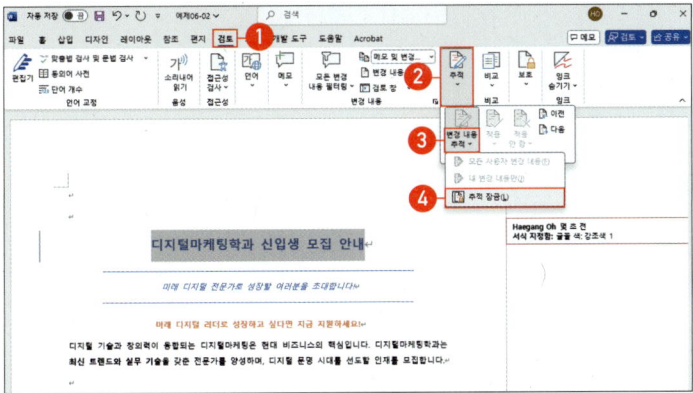

03 [추적 잠금 해제] 대화상자에서 암호에 '12345'를 입력하고 [확인] 버튼을 클릭합니다.

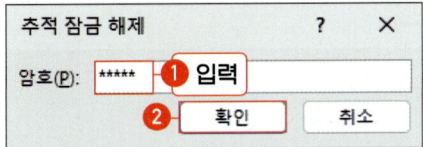

04 [검토] 탭 - [추적] 그룹 - [적용] - [변경 내용을 모두 적용하고 추적 중지]를 클릭합니다. 추적이 중지되고 모든 변경 내용이 문서에 적용된 것을 확인할 수 있습니다.

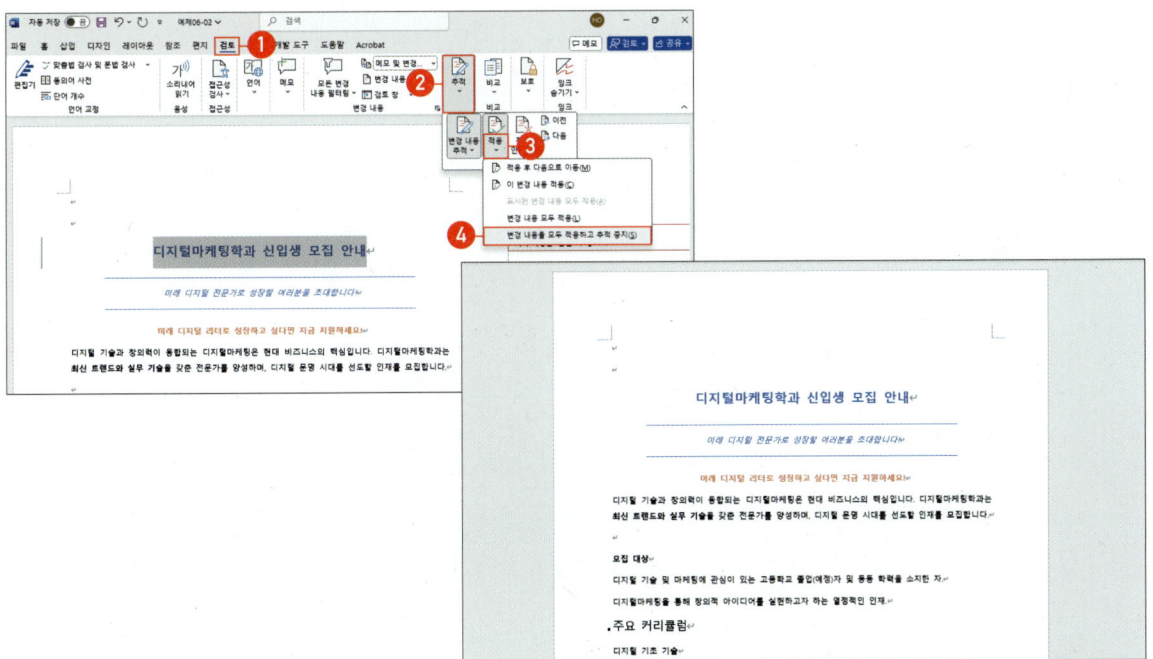

연습문제-06-02

준비 파일 : 연습06-02.docx

01 모든 변경 사항을 추적하기 위해 추적 잠금 기능을 켜시오. 다른 작성자가 추적 잠금을 해제하기 전에 암호 '789'를 입력하도록 설정하시오.

PART 02
실전 문제

Word

CHAPTER 01

실전 모의고사

1회 실전 모의고사
2회 실전 모의고사

1회 실전 모의고사

프로젝트 01. 오앤케이 금융 | 예제 파일 : 1-프로젝트 01.docx | 완성 파일 : 1-프로젝트 01(완성).docx

당신은 도운 라이프 플래닛에서 근무 중입니다. '나에게 필요한 금융' 상품을 설명하는 리플렛을 제작하고 있습니다.

작업1 Word 기능을 사용하여 '내게 필요한'의 모든 단어를 '나에게 필요한'으로 바꾸시오.

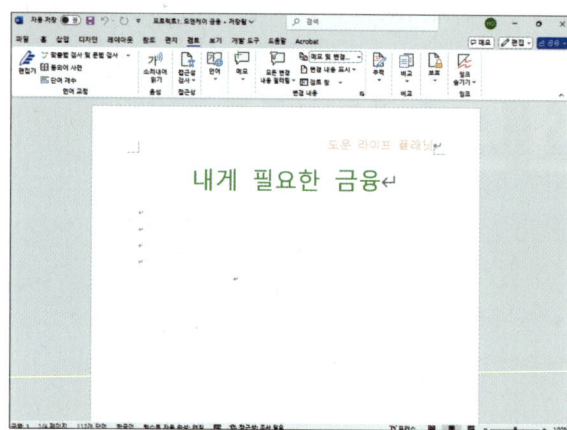 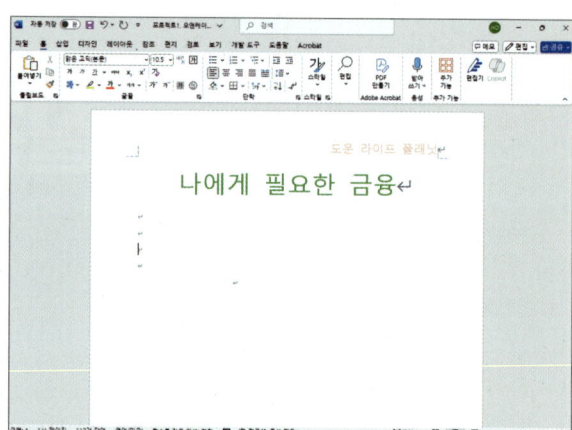

작업2 '가입 현황' 구역에 있는 전화기 모양의 아이콘을 문서의 위에 연결하시오.

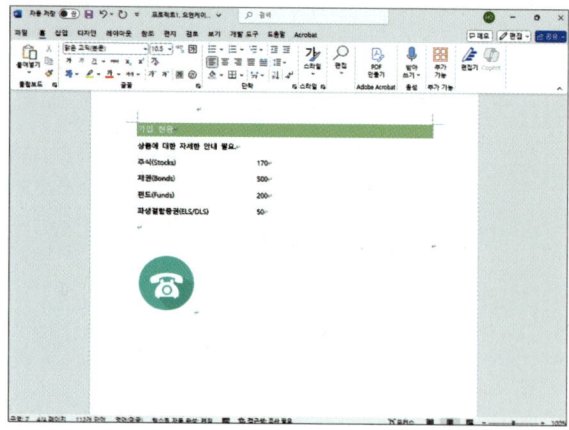 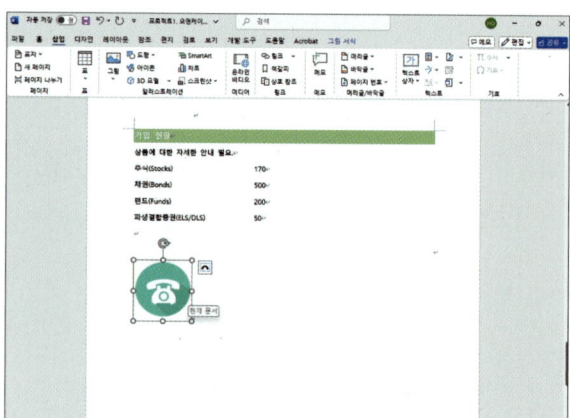

작업3 '가입 현황' 구역에서 탭으로 구분된 텍스트를 두 열로 된 표로 변환하시오.

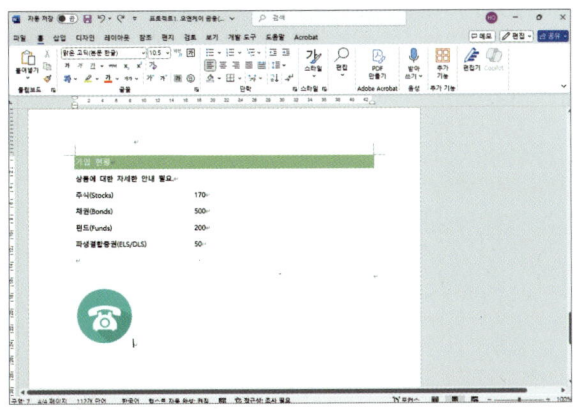 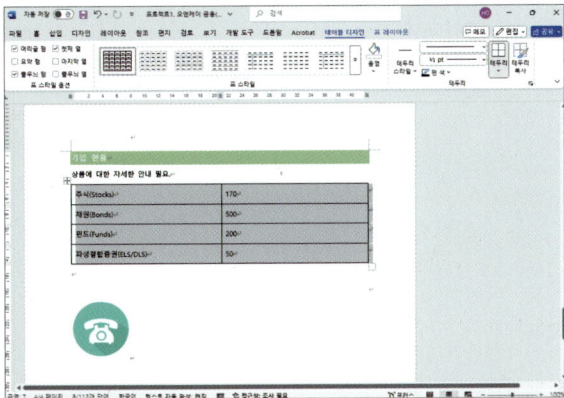

작업4 3 페이지 '서비스' 구역의 텍스트 '1,000P'에 연결된 메모를 삭제하시오.

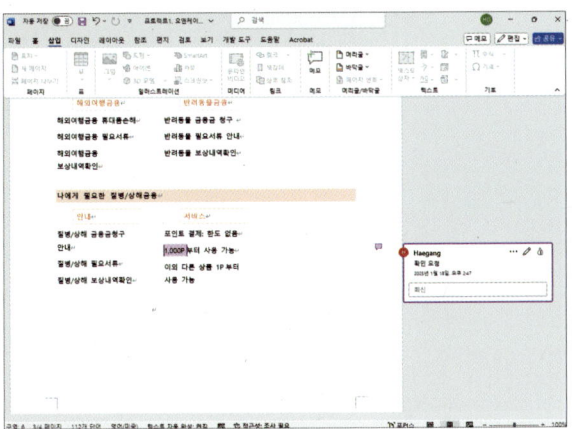 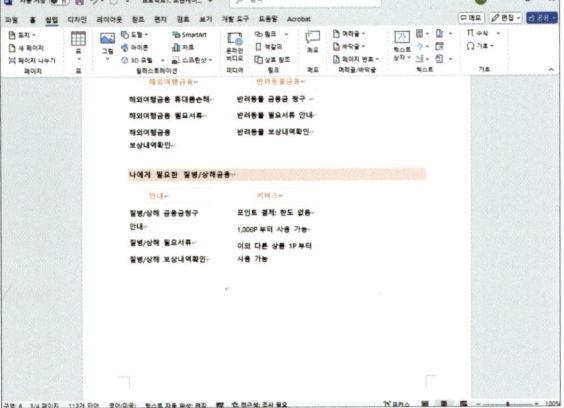

작업5 2 페이지에 있는 녹색 텍스트 상자에 '상품 설명서 참고' 텍스트를 삽입하시오.

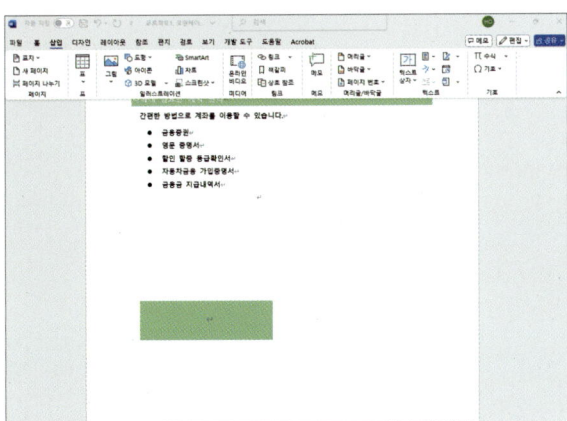 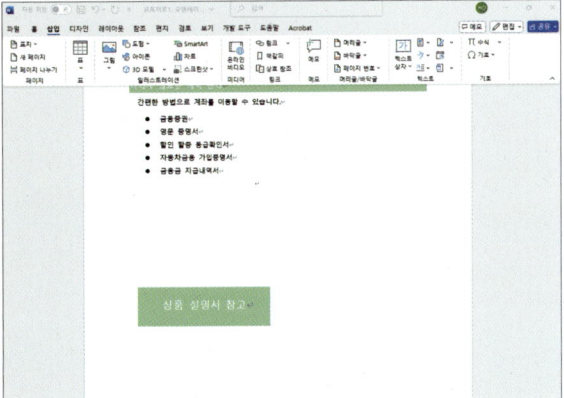

작업6 1 페이지 제목 텍스트 다음의 빈 단락에 '자동 목차 2' 스타일의 목차를 삽입하시오.

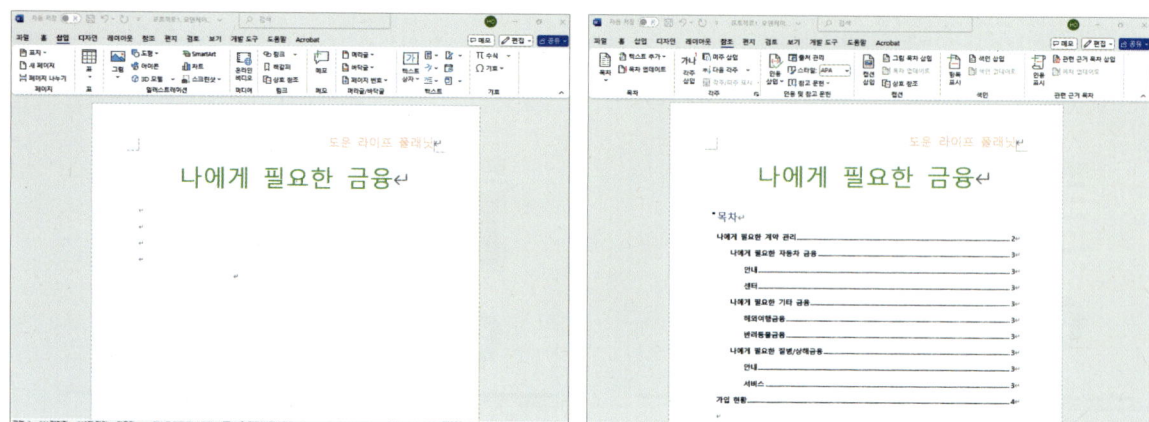

프로젝트 02. 디지털마케팅

예제 파일 : 1-프로젝트 02.docx | 완성 파일 : 1-프로젝트 02(완성).docx

디지털마케팅학과 신입생 모집 안내문을 작성하고 있습니다.

작업1 1 페이지의 녹색 텍스트 상자에 '자동 목차 1' 스타일의 목차를 삽입하시오.

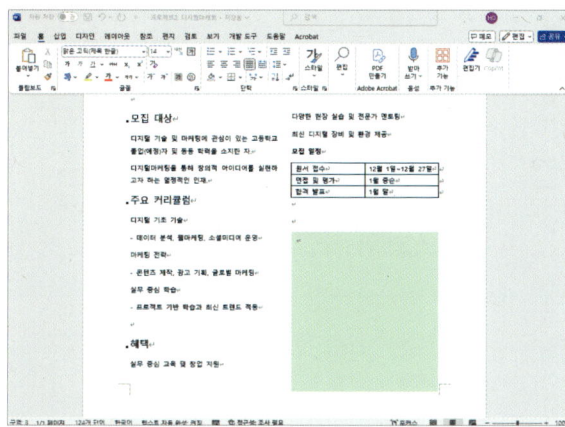
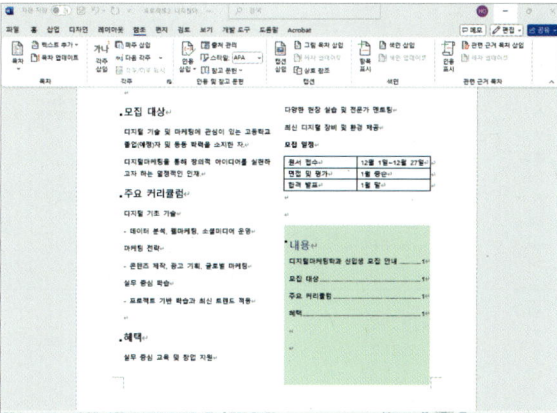

작업2 '미래 디지털 전문가' 구역의 제목 다음의 두 단락을 두 단으로 지정하시오.

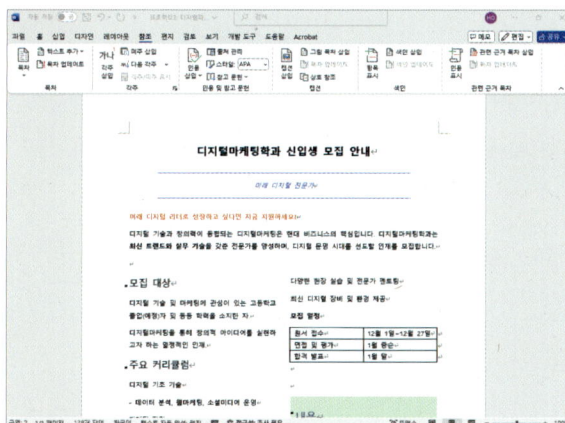
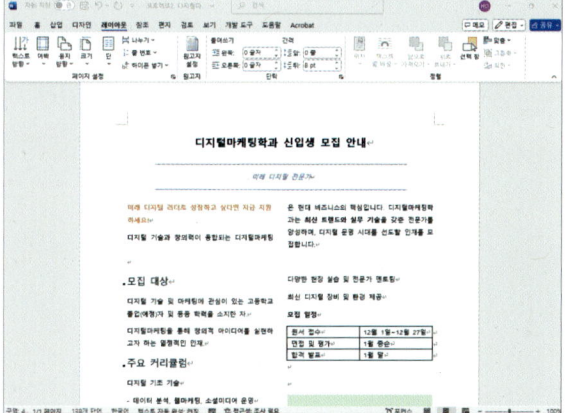

작업3 '모집 일정' 구역의 표를 탭으로 구분한 텍스트로 변환하시오.

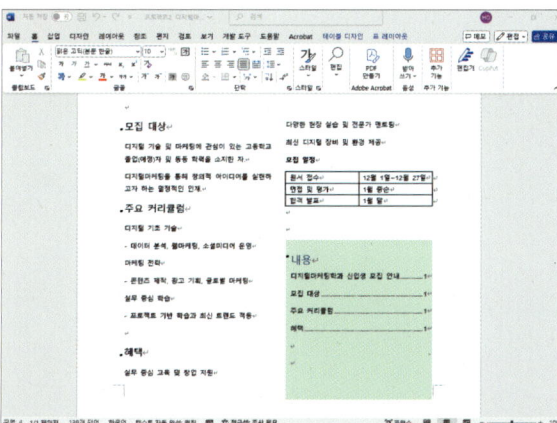
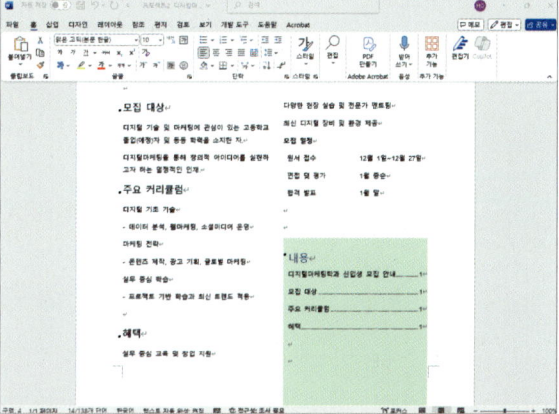

실전 모의고사 **121**

작업4 문서 속성에서 범주로 '마케팅'을 추가하시오.

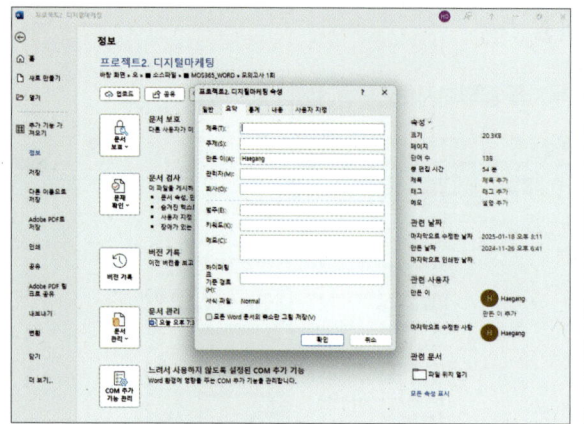 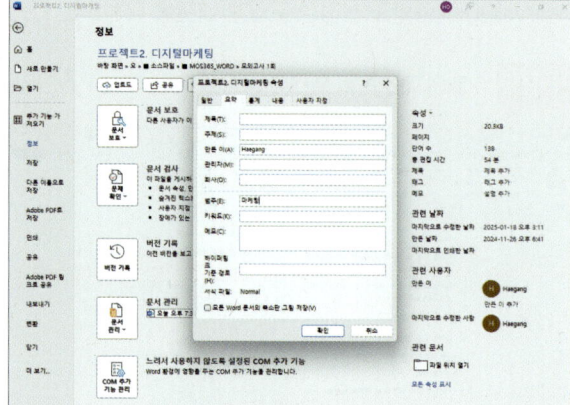

프로젝트 03. 평생학습

| 예제 파일 : 1-프로젝트 03.docx | 완성 파일 : 1-프로젝트 03(완성).docx

평생학습의 중요성과 올바른 공부 습관에 관한 글을 작성하고 있습니다.

작업1 문서의 모든 페이지에 '품격' 머리글을 표시하시오.

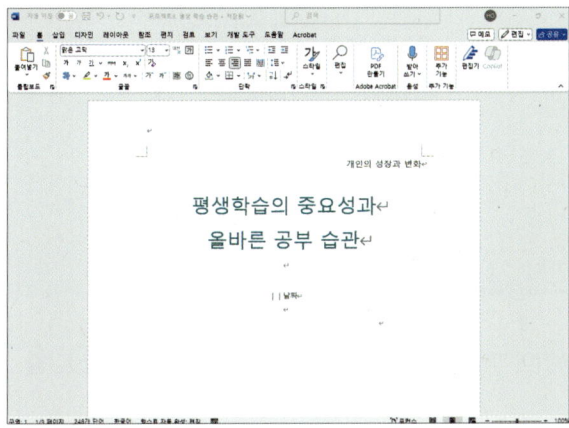 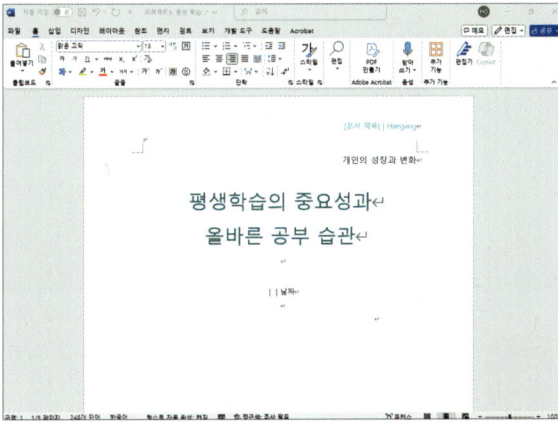

작업2 1 페이지 오른쪽 상단에 있는 '개인의 성장과 변화' 텍스트에 '채우기: 옥색, 강조색 4, 부드러운 입체' 텍스트 효과를 적용하시오.

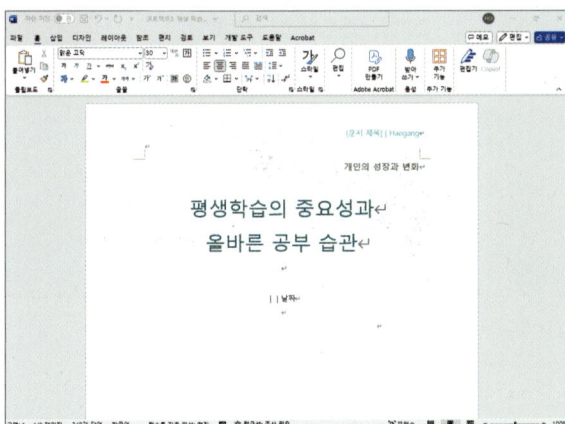 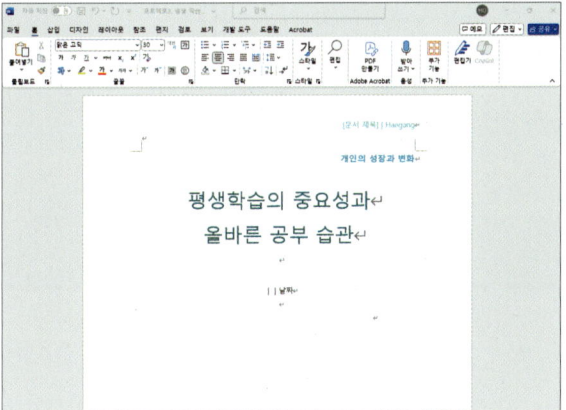

작업3 2 페이지에 있는 표의 첫 번째 행의 셀을 2개의 열로 분할하시오.

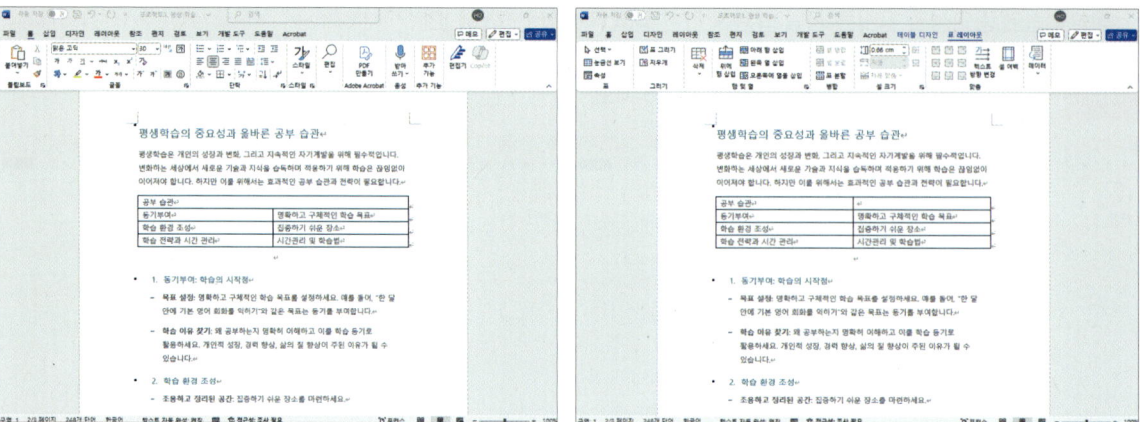

작업4 2 페이지 표 아래 단락에 [실전 모의고사 1회\사진] 폴더의 '평생학습.jpg' 파일을 삽입하시오. 그림을 텍스트 줄 안으로 위치시키시오.

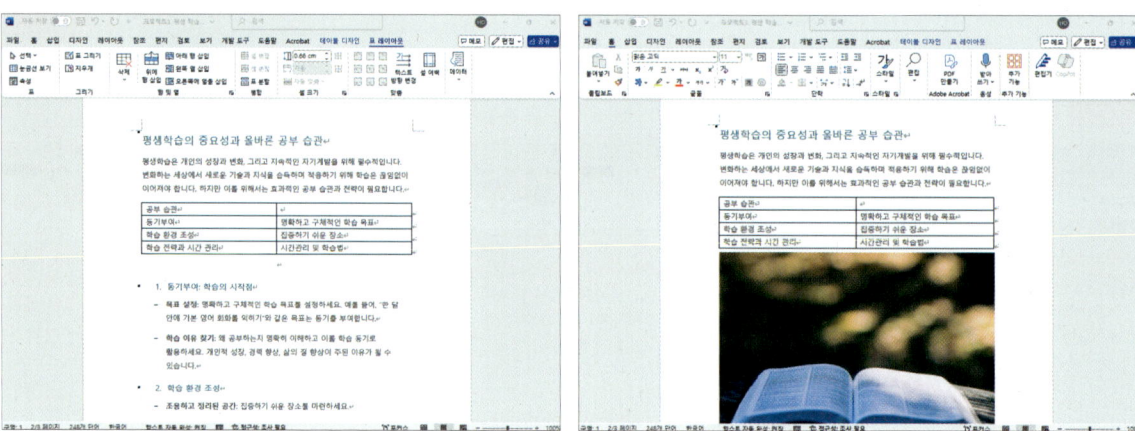

프로젝트 04. 한국 음식 소개　　　　예제 파일 : 1-프로젝트 04.docx | 완성 파일 : 1-프로젝트 04(완성).docx

한국 음식을 소개하는 상세 페이지를 작성하고 있습니다.

작업1　[홈] 탭에서 단락 기호 및 기타 숨겨진 서식 기호 표시를 켜시오.

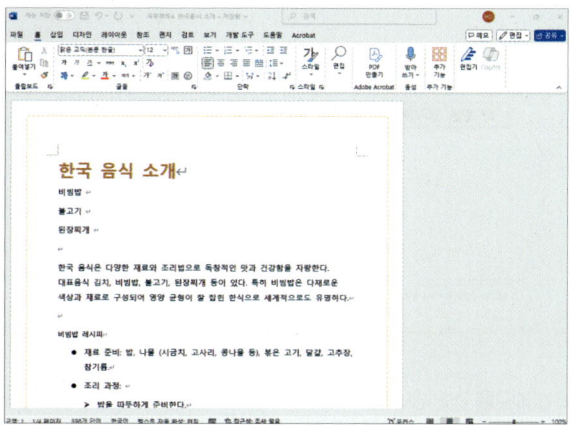 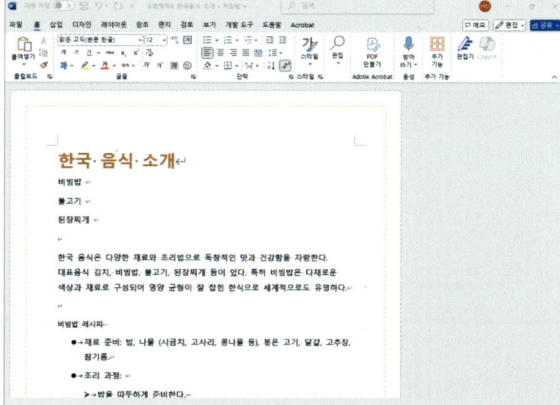

작업2　'비빔밥 레시피' 텍스트에 '제목 2' 스타일을 적용하시오.

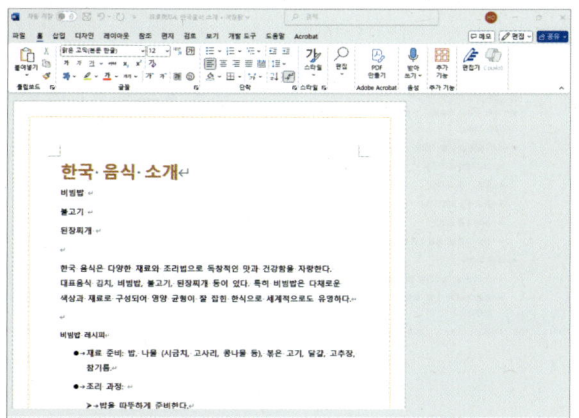 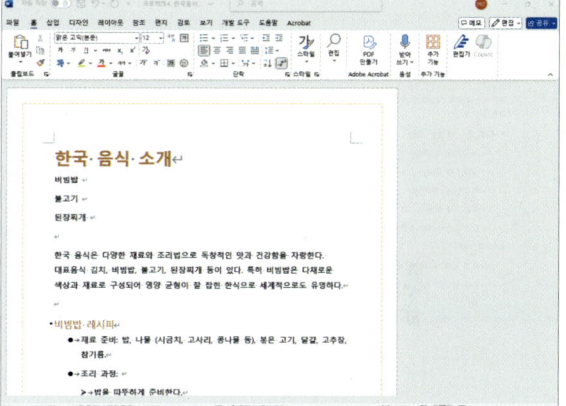

작업3　'한국 음식 소개' 제목 아래 세 단락을 글머리 기호 목록으로 변환하시오.

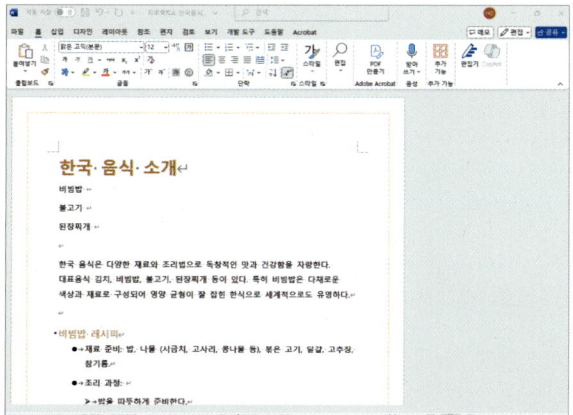 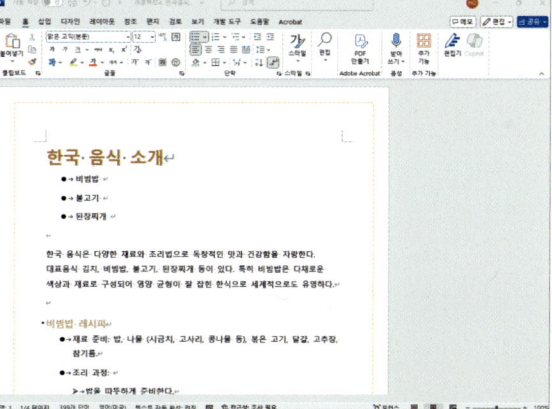

실전 모의고사　**125**

작업4 문서 마지막 페이지에 있는 음영 처리된 텍스트 상자에 입력된 텍스트를 '20 pt', '굵게', '기울임꼴'로 변경하시오. 텍스트를 텍스트 상자의 가운데에 맞추시오.

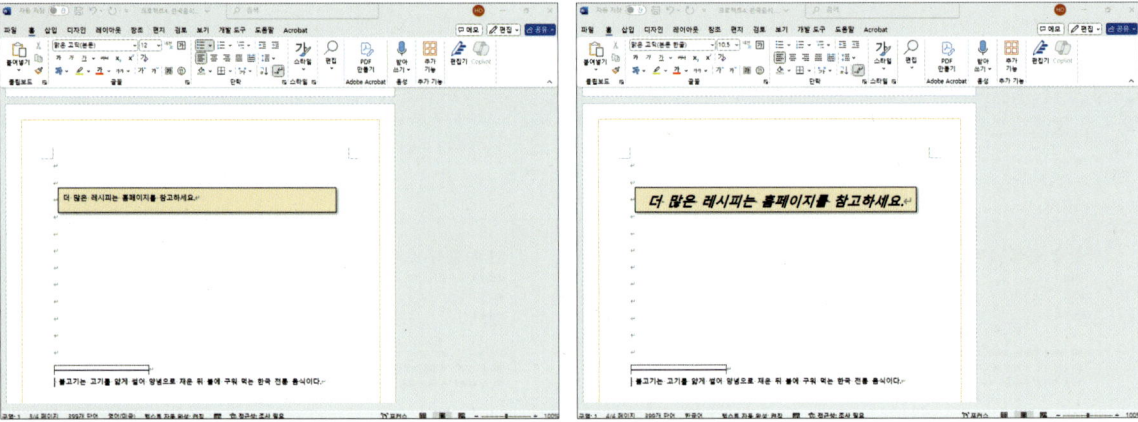

작업5 '불고기 만드는 레시피' 제목을 선택하고 '조리 과정 추가' 메모를 삽입하시오.

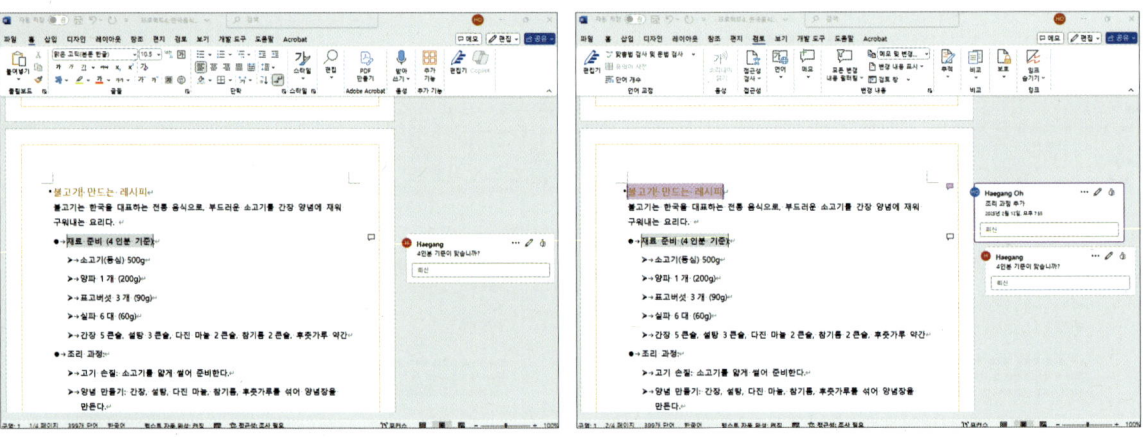

프로젝트 05. 비즈니스

| 예제 파일 : 1-프로젝트 05.docx | 완성 파일 : 1-프로젝트 05(완성).docx

비즈니스 마케팅 학과의 세 단으로 구성된 리플렛을 작성하고 있습니다.

작업1 2 페이지 가운데 단에 있는 모든 콘텐츠의 줄 간격을 '1.2 줄'로 변경하시오.

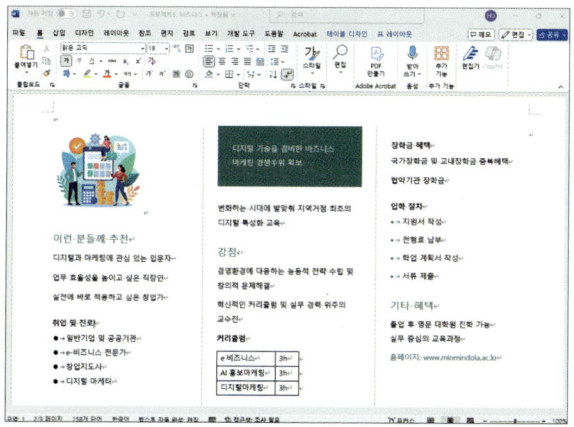 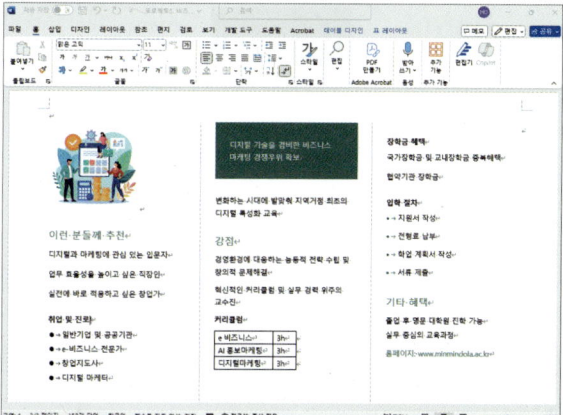

작업2 '커리큘럼' 구역에 있는 표의 왼쪽 셀 여백을 0으로 변경하시오.

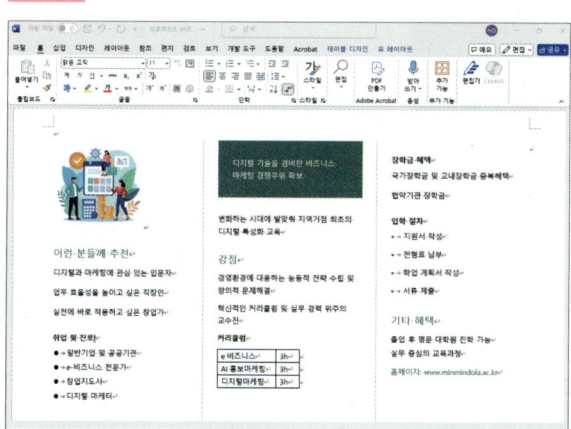 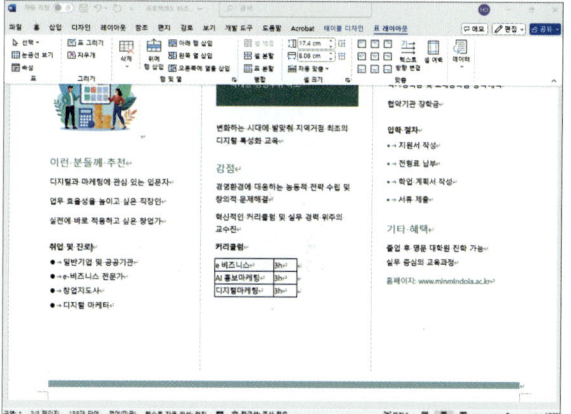

작업3 미주의 번호 서식을 별표(*) 문자로 시작하는 기호로 변경하시오.

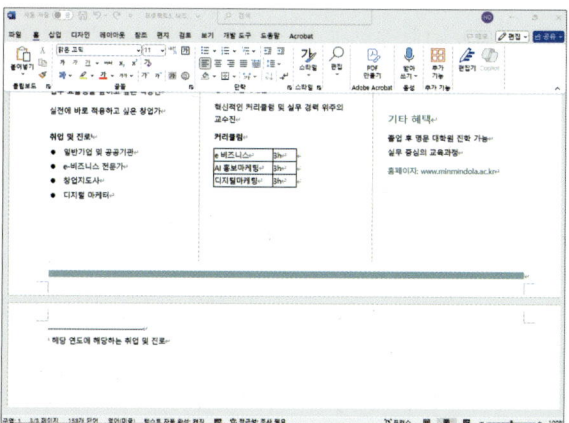 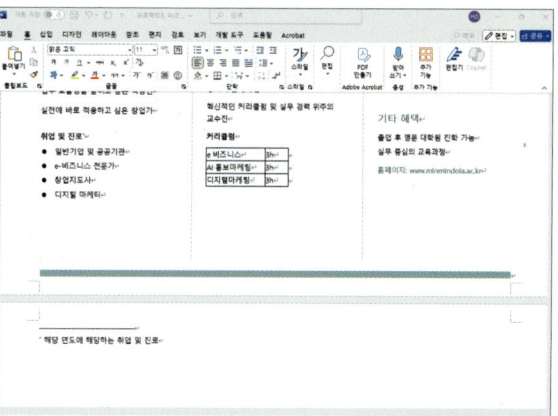

실전 모의고사 **127**

작업4 2 페이지에 있는 그림에 '파스텔 부드럽게' 꾸밈 효과를 적용하시오.

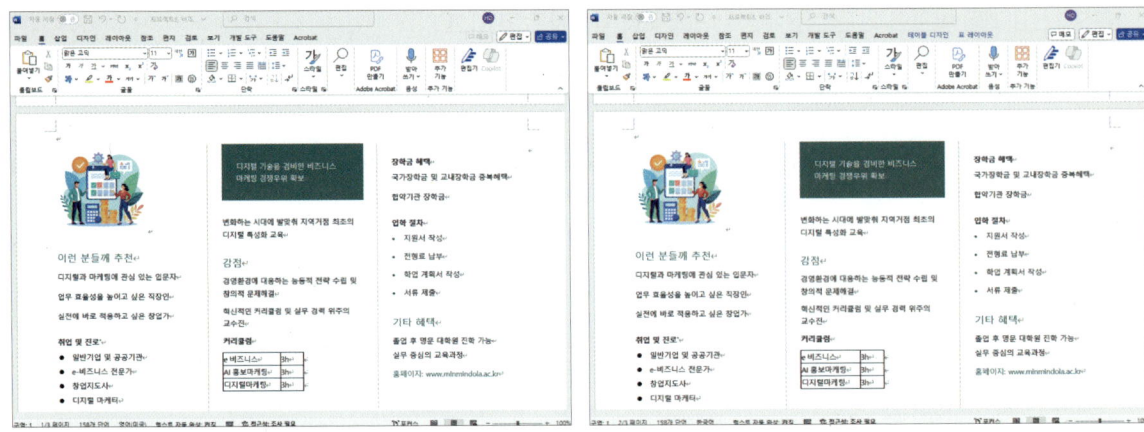

작업5 1 페이지의 메모 '리플렛 제작을 완료하셨습니까?'를 해결하시오.

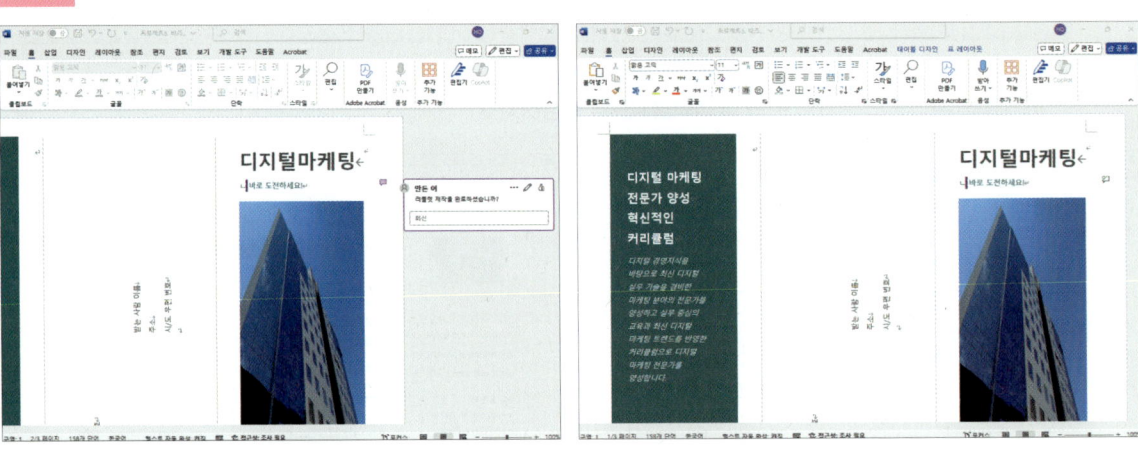

프로젝트 06. 독서

| 예제 파일 : 1-프로젝트 06.docx | 완성 파일 : 변화.txt

독서에 관한 문서를 작성 중이며, 이 프로젝트는 작업이 하나만 있습니다.

작업1 현재 문서를 '변화'라는 이름의 일반 텍스트 파일로 [문서] 폴더에 저장하시오. 모든 기본 설정을 적용하시오.

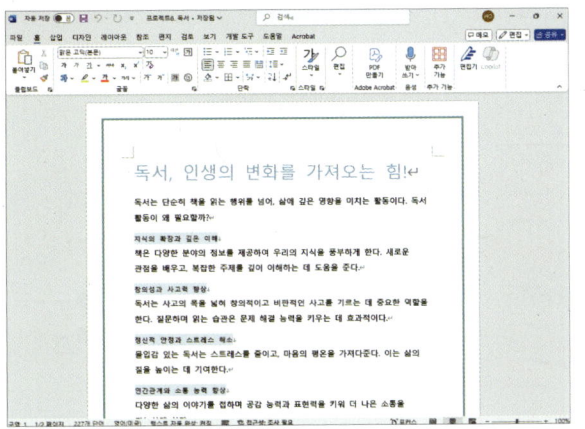 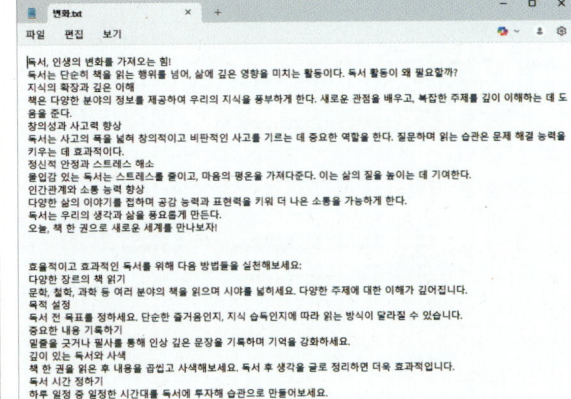

프로젝트 07. 자기소개서

예제 파일 : 1-프로젝트 07.doc | 완성 파일 : 1-프로젝트 07(완성).docx

이 프로젝트는 작업이 하나만 있으며, Microsoft 365 기능을 사용할 수 있어야 합니다.

작업1 문서를 변환하여 호환성 모드에서 제거하시오.

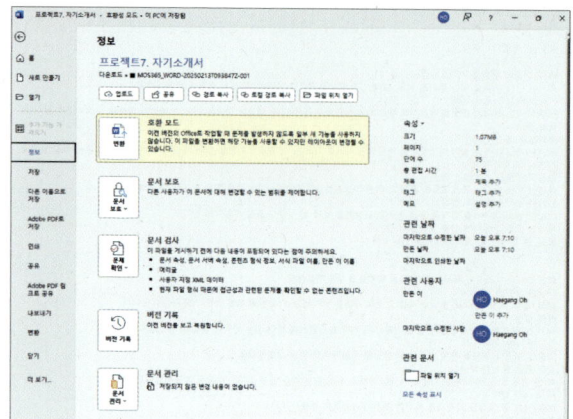 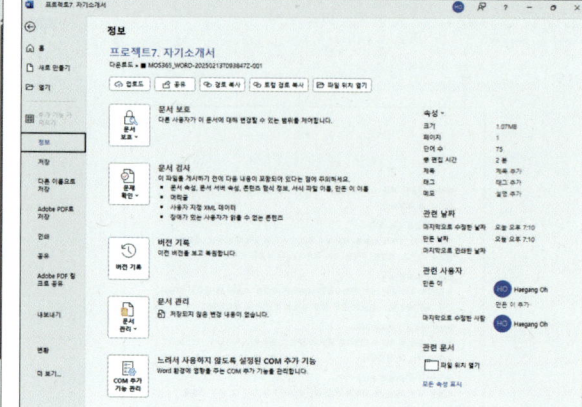

프로젝트 08. 신입사원 교육

예제 파일 : 1-프로젝트 08.docx | 완성 파일 : 1-프로젝트 08(완성).docx

신입사원 교육과 관련한 커리큘럼을 작성하고 있으며, 이 프로젝트는 작업이 하나만 있습니다.

작업1 현재 문서를 공동 작업하고 있으며 모든 변경 사항을 추적하고자 합니다. 추적 잠금 기능을 켜고, 추적 잠금을 해제하기 전에 먼저 암호 '1357'을 입력하도록 설정하시오.

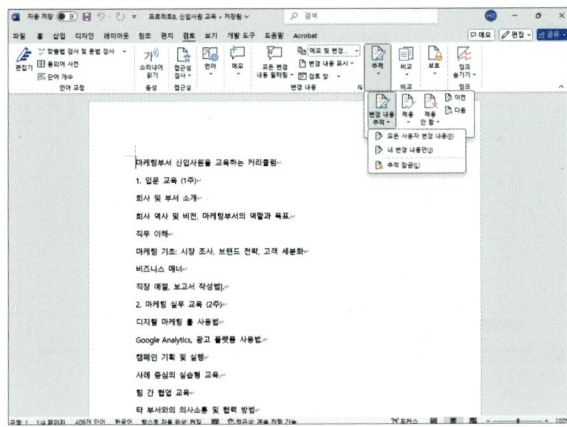 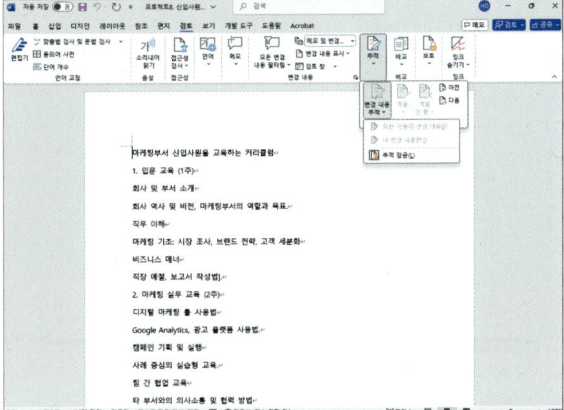

프로젝트 09. 에듀케이션

예제 파일 : 1-프로젝트 09.docx | 완성 파일 : 1-프로젝트 09(완성).docx

오앤케이 교육 회사의 소개글을 작성하고 있습니다.

작업1 '127이 맞습니다.'로 메모에 회신하시오.

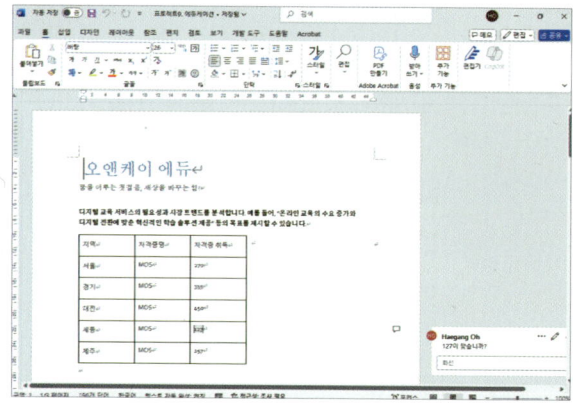
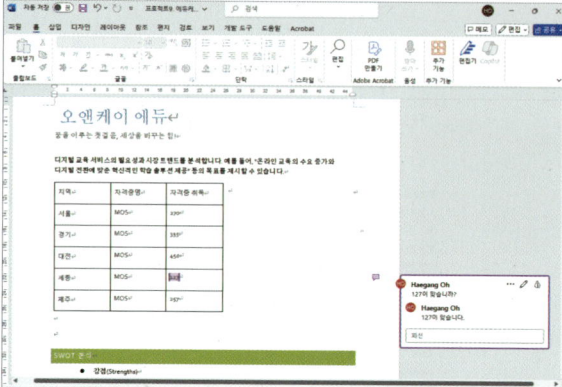

작업2 '자격증 취득'을 기준으로 하여 오름차순으로 표 데이터를 정렬하시오.

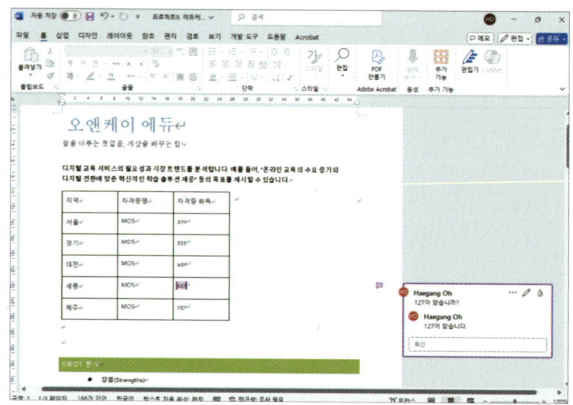
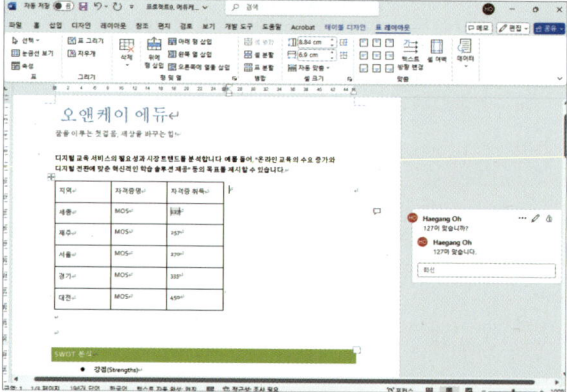

작업3 2 페이지 그림의 대체 텍스트 설정을 장식으로 표시하여 화면 읽기 프로그램이 무시되도록 구성하시오.

작업4 현재 문서에 '흑백(클래식)' 스타일 모음을 적용하시오.

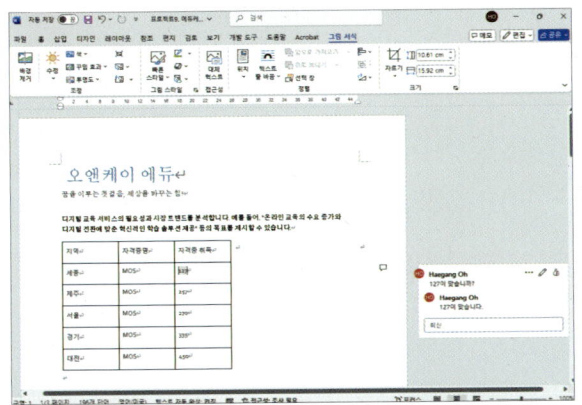 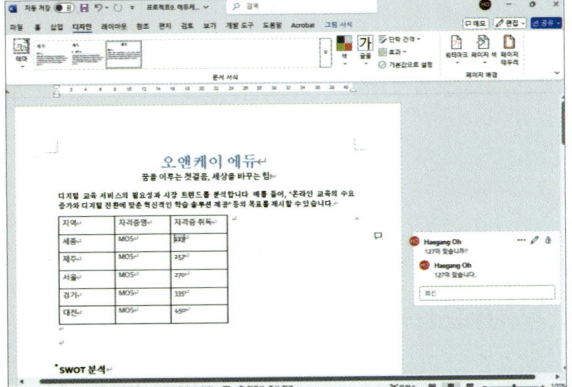

MOS 365 WORD
2회 실전 모의고사

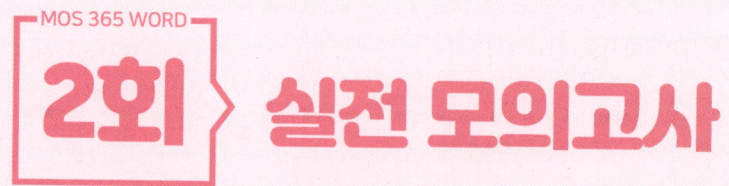

프로젝트 01. 직장 예절

| 예제 파일 : 2-프로젝트 01.docx | 완성 파일 : 2-프로젝트 01(완성).docx

직장 예절에 관한 안내문을 작성하고 있습니다.

작업1 '교육 참여 부서' 구역에 있는 표를 '기획정보처' 행 전의 표 두 개로 분할하시오.

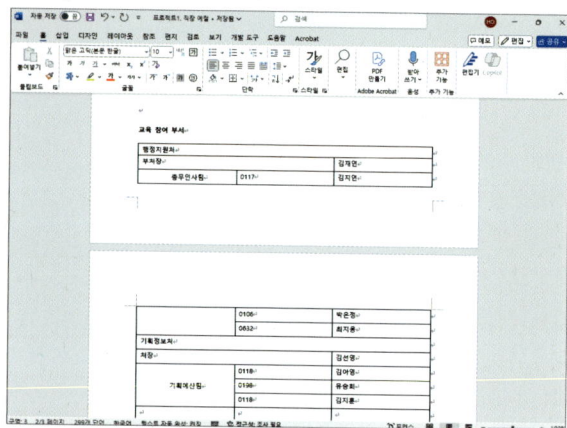
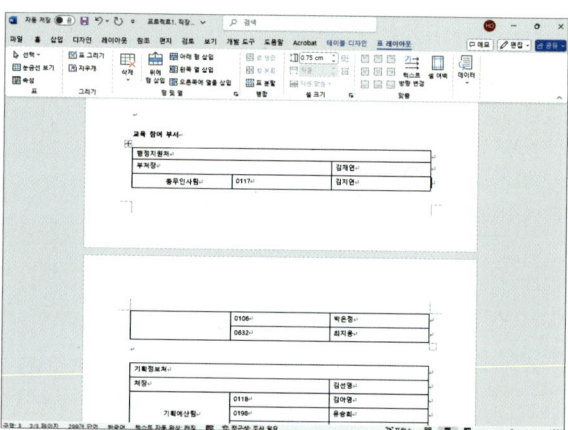

작업2 문서 검사를 진행하여 숨겨진 문서 속성 또는 개인 정보가 발견되면 모두 제거하시오. 다른 정보는 제거하지 마시오.

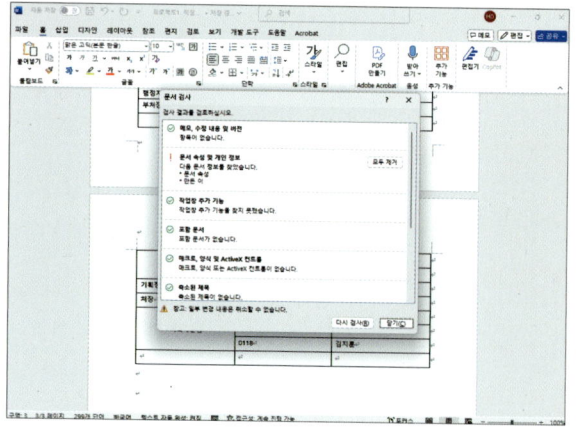
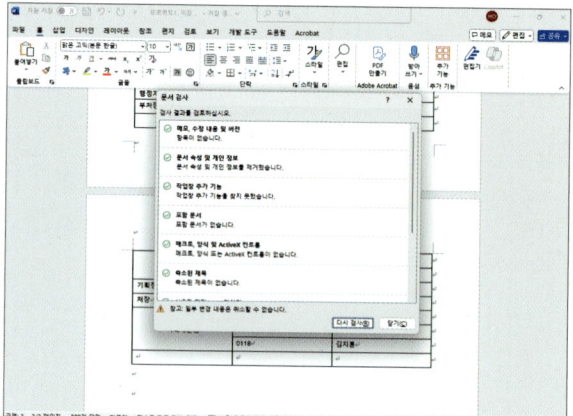

작업3 '직장 예절' 구역에서 왼쪽 열 미리 설정을 사용하여 단에 목록 서식을 적용하시오.

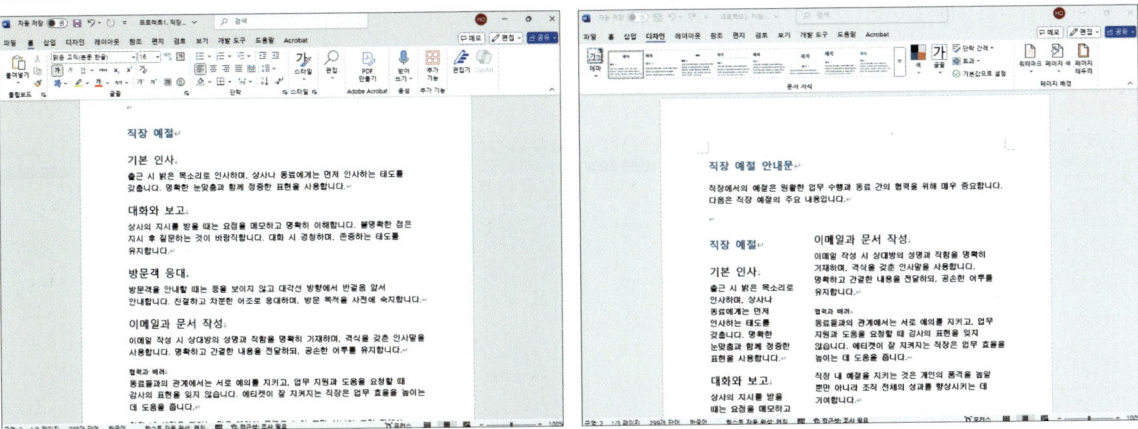

작업4 문서의 모든 페이지에 '3 pt', '연한 파랑'의 '상자' 페이지 테두리를 적용하시오.

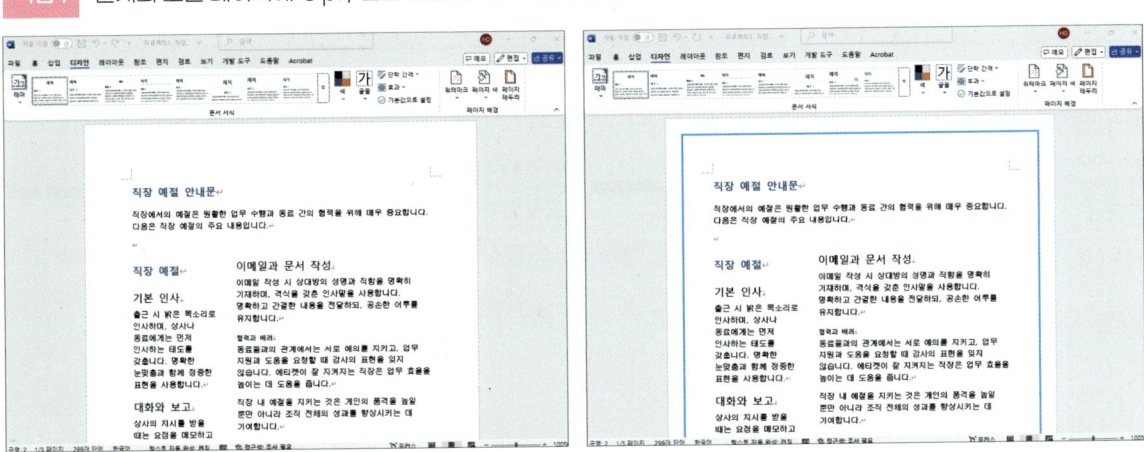

프로젝트 02. 교과목 개설 요청

| 예제 파일 : 2-프로젝트 02.docx | 완성 파일 : 2-프로젝트 02(완성).docx

교과목 개설을 신청하는 공동 작업을 진행 중입니다.

작업1 전체 문서의 용지 크기를 A4로 설정하시오.

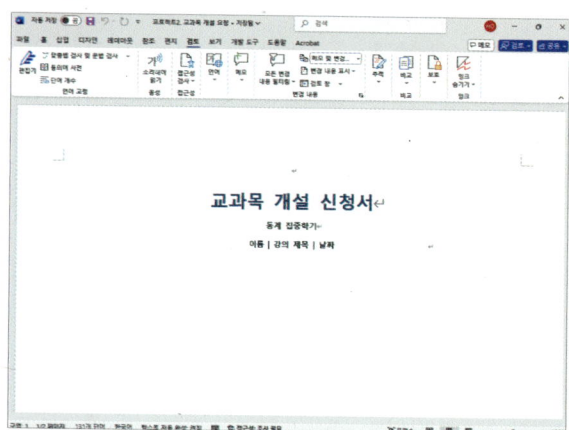 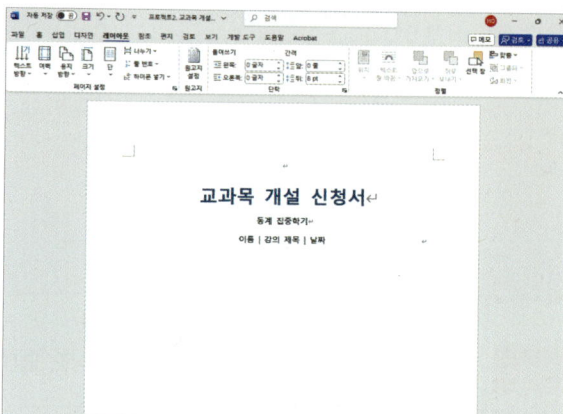

작업2 문서의 모든 '교과목' 텍스트를 바꾸기 기능을 사용하여 글꼴 스타일을 '굵게', 글꼴 색을 '빨강'으로 서식을 적용하시오.

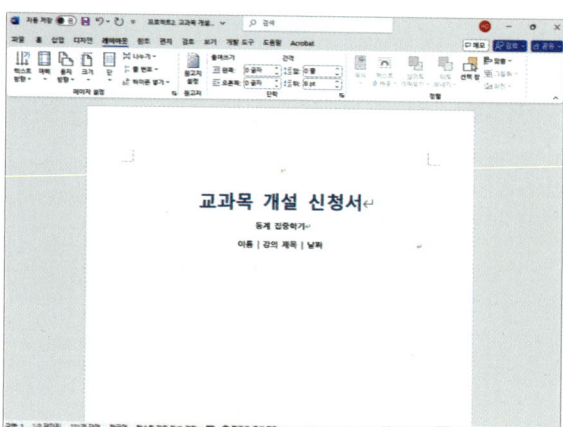 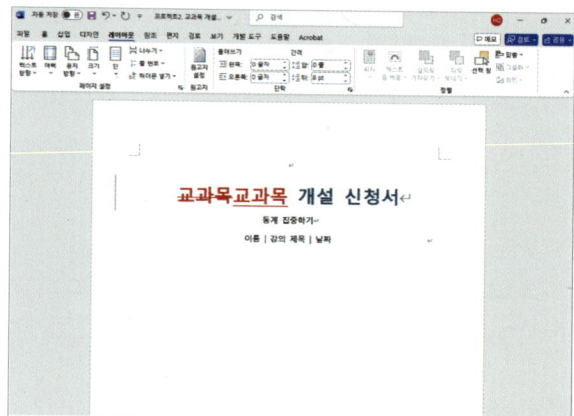

작업3 '이수과정 로드맵' 구역 표의 첫 번째 행이 페이지마다 머리글 행 자동 반복이 이루어지도록 설정하시오.

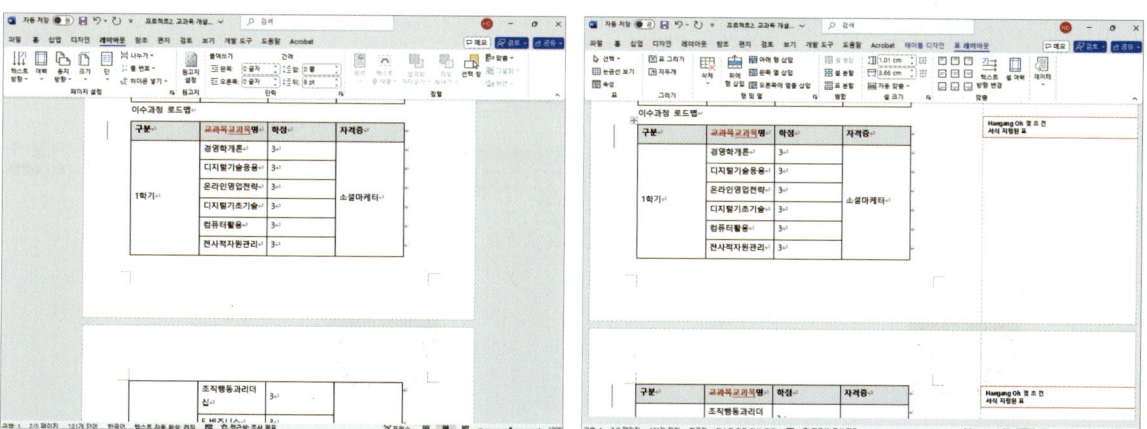

작업4 변경 내용을 모두 적용하고 추적 중지를 수행하시오.

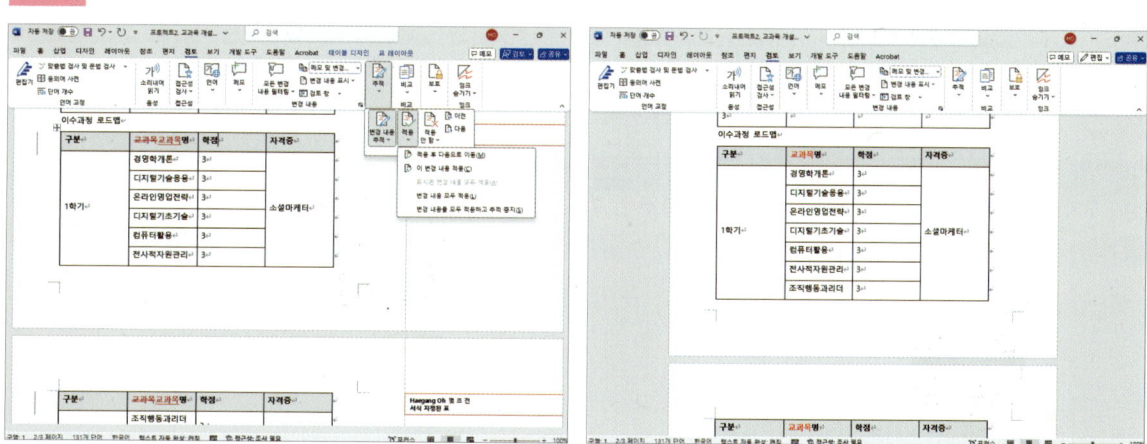

프로젝트 03. AI 미래교육

| 예제 파일 : 2-프로젝트 03.docx | 완성 파일 : 2-프로젝트 03(완성).docx

AI 미래교육에 관한 보고서를 작성하고 있습니다.

작업1 '기술 발전 방향' 구역에 있는 그림의 텍스트 배치를 정사각형으로 변경하시오.

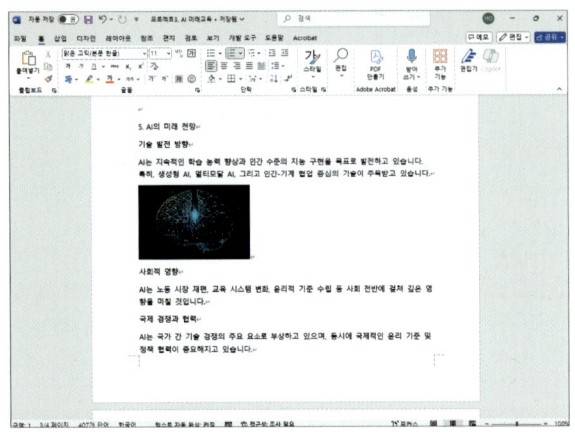 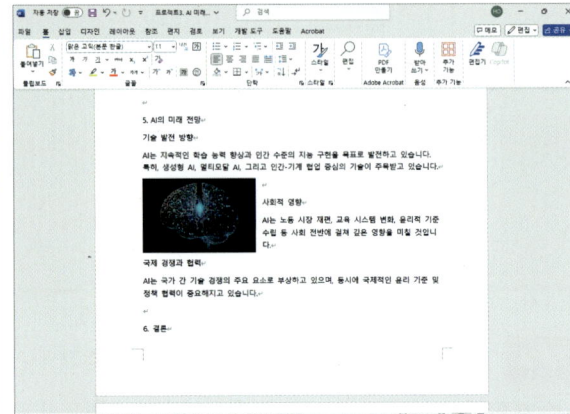

작업2 '6. 결론' 제목의 시작 부분에 다음 페이지부터 구역 나누기를 삽입하시오.

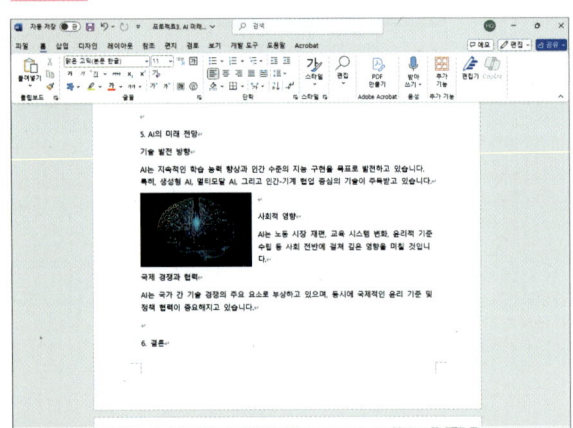 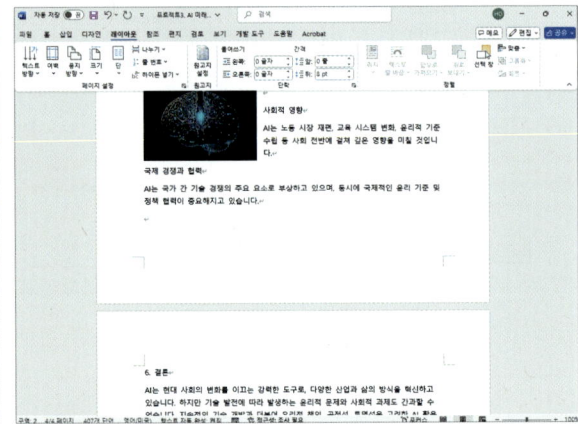

작업3 '단점' 구역에서 1부터 4까지 목록의 번호 매기기를 다시 시작하시오.

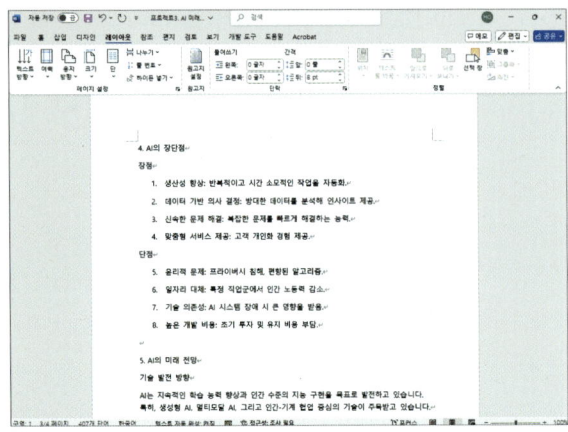 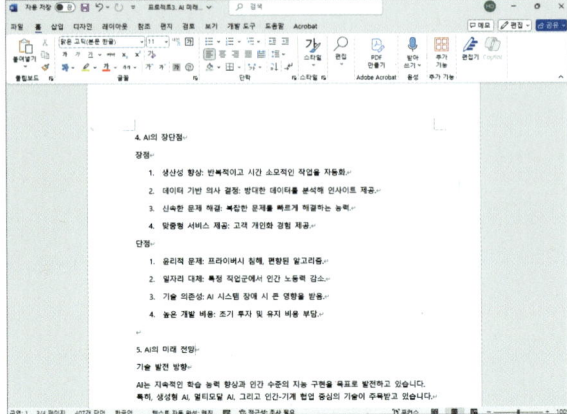

138   PART 02 실전 문제

작업4 '기술 발전 방향' 구역에서 Word 기능을 사용하여 그림의 배경을 제거하시오.

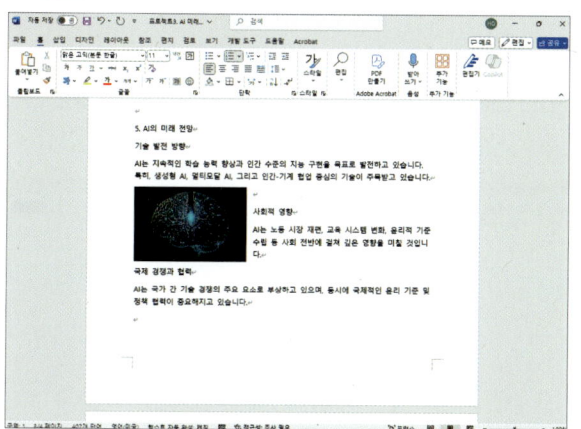 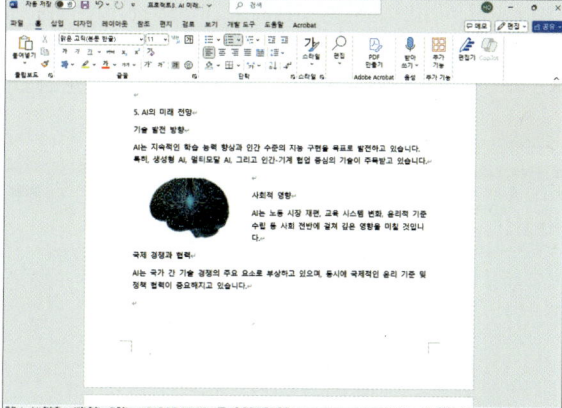

작업5 문서의 모든 페이지에 '초안 2' 워터마크를 표시하시오.

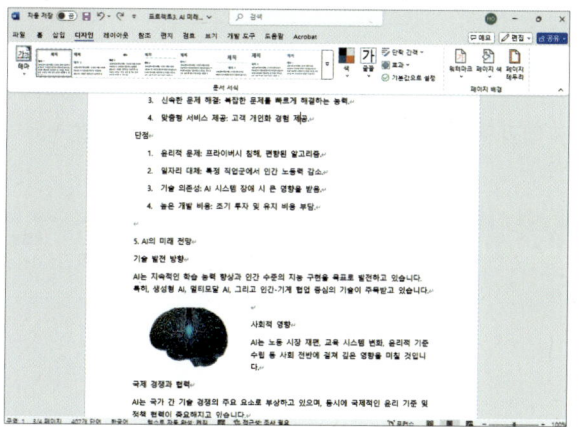 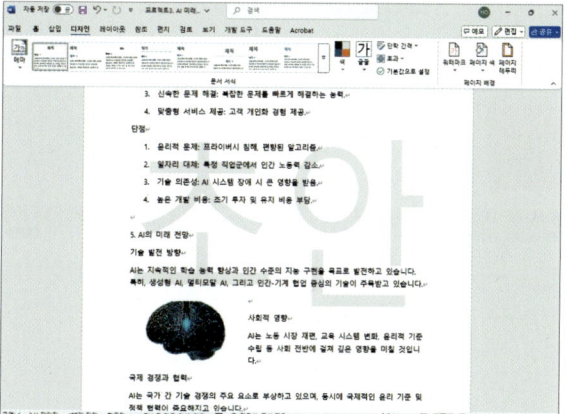

프로젝트 04. 사이버대학의 발전

예제 파일 : 2-프로젝트 04.docx | 완성 파일 : 2-프로젝트 04(완성).docx

사이버대학교의 교무학사팀에서 대학을 소개하는 문서를 작성 중입니다.

작업1 '사이버대학교의 역사' 구역에 있는 표의 '구분'과 '내용' 열의 너비가 같아지도록 균등하게 맞추시오. '추가' 열의 너비와 표 너비는 변경되지 않아야 합니다.

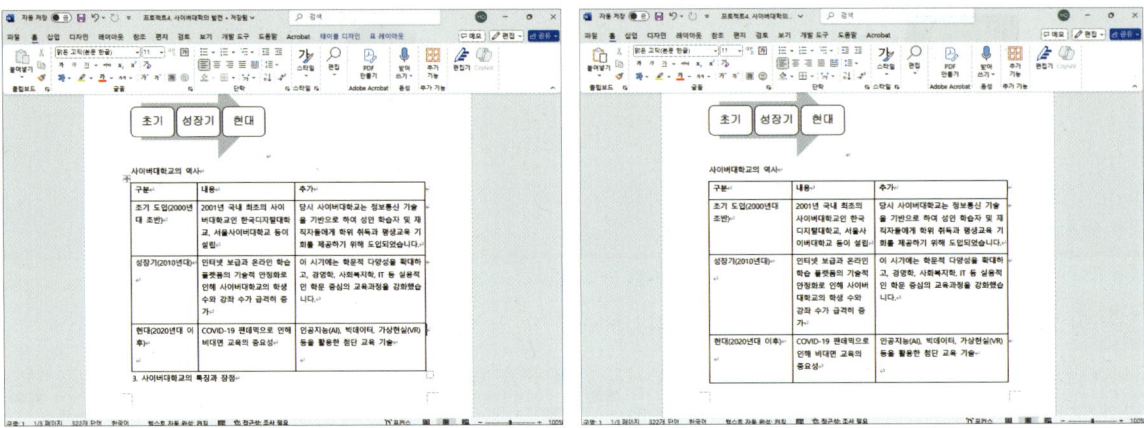

작업2 '사이버대학교의 역사' 구역의 표 첫 행에 있는 텍스트에 미리 정의된 '오프셋: 오른쪽' 그림자 텍스트 효과를 적용하시오.

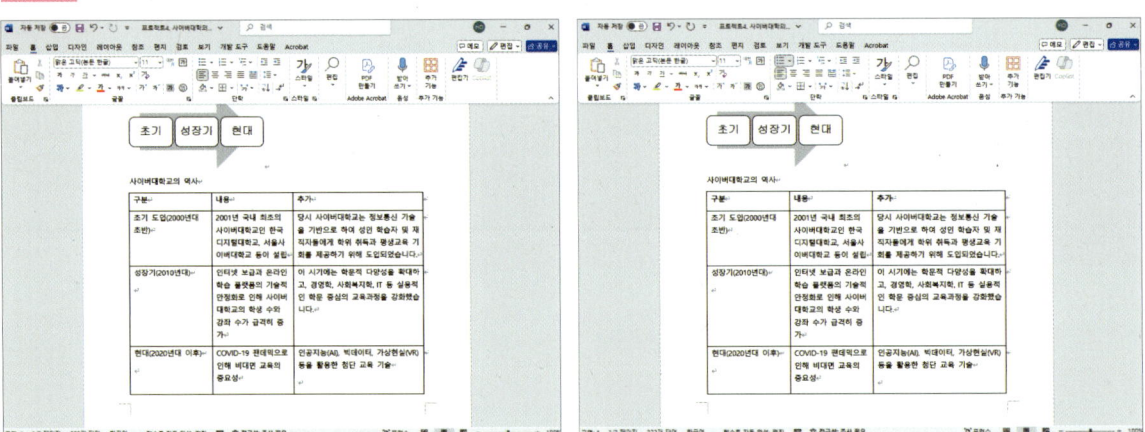

작업3 1 페이지에 있는 SmartArt 그래픽의 색을 '어두운 색 2 채우기'로 변경하여 그 접근성을 개선하시오.

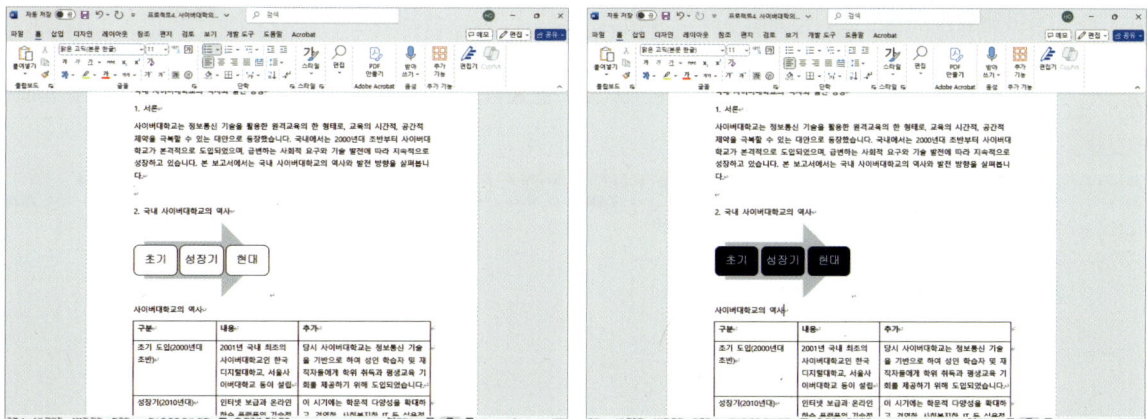

작업4 2 페이지에서 사용자 지정 글머리 기호를 사용하도록 글머리 기호를 변경하시오. Segoe UI Symbol 기호 글꼴과 문자 코드 '263A'(웃는 얼굴)를 사용하시오.

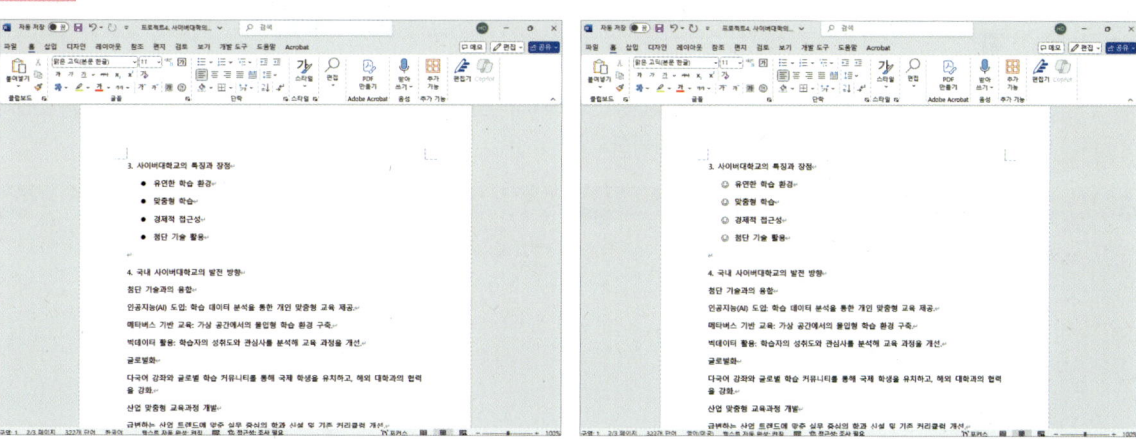

프로젝트 05. OA 교육의 필요성

예제 파일 : 2-프로젝트 05.docx | 완성 파일 : 2-프로젝트 05(완성).docx

OA 교육의 필요성 내용으로 사업계획서를 작성 중입니다.

작업1 '진로 및 직업 역량 강화' 구역의 두 번째 문장에서 '디지털 활용 능력' 뒤에 각주를 삽입하시오. 각주 텍스트로 '홈페이지를 참고하세요.'를 입력하시오.

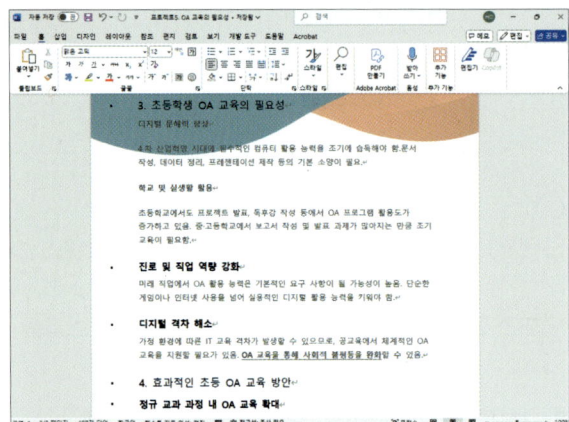 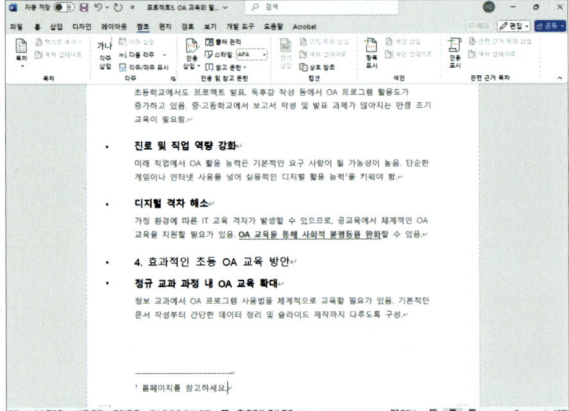

작업2 문서 마지막 빈 단락에 '원형 화살표 프로세스형' SmartArt 그래픽(주기형 범주)을 삽입하시오. SmartArt 그래픽에 순서 상관없이 '기초', '응용', '심화'를 입력하시오.

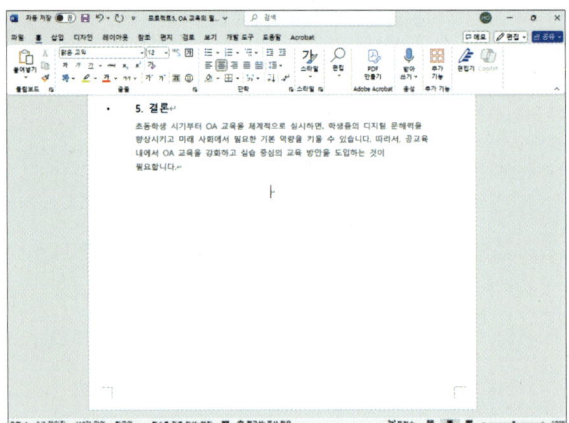 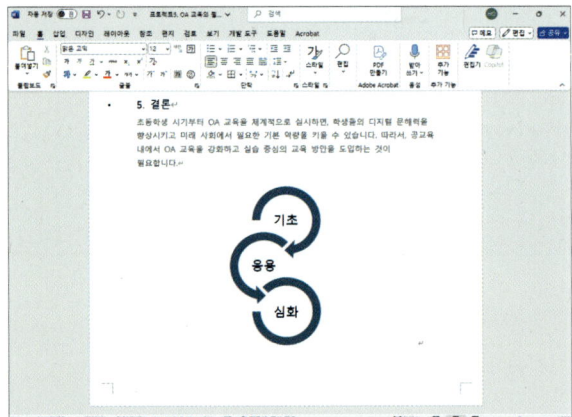

작업3 2 페이지에서 'OA 교육을 통해 사회적 불평등을 완화' 텍스트에 적용된 모든 서식을 지우시오.

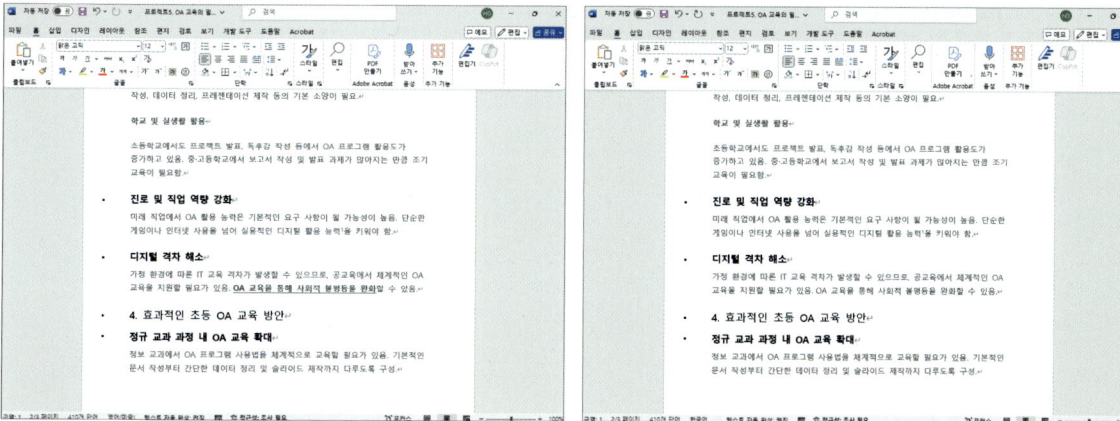

작업4 '교육 현황' 구역의 빈 단락에 5행, 2열의 표를 삽입하시오. 첫 번째 행의 왼쪽 셀에 '구분'을, 오른쪽 셀에 '내용'을 삽입하시오.

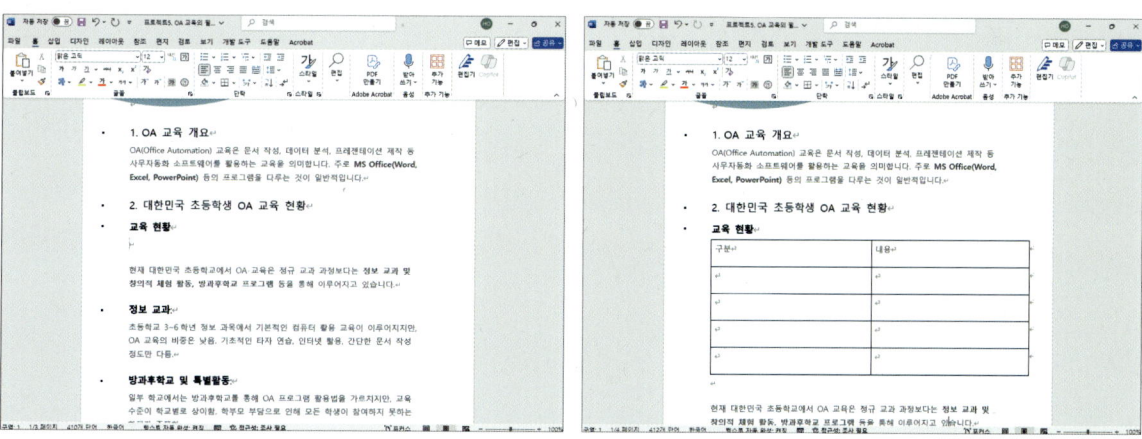

작업5 문서 속성에서 제목을 'OA교육', 회사를 '오앤케이에듀'로 설정하시오.

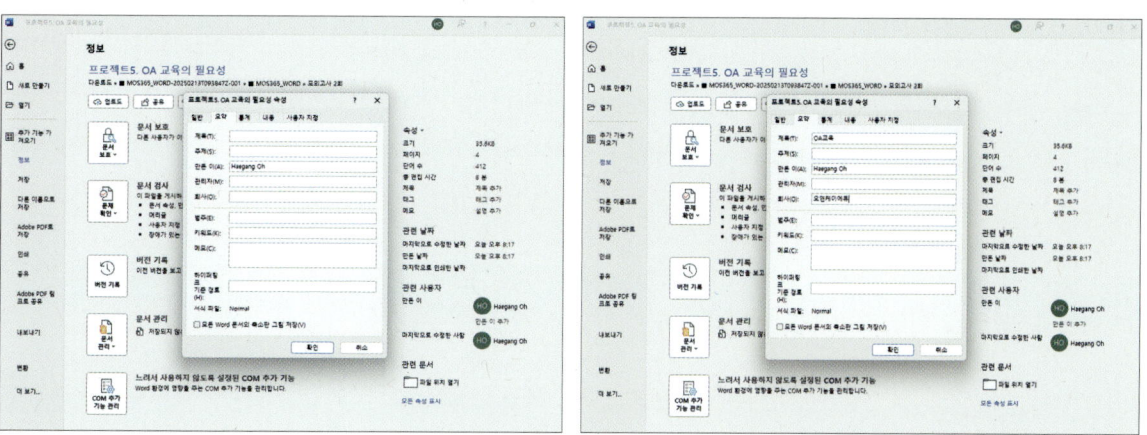

실전 모의고사 **143**

작업6 '제목 2' 스타일을 '디지털 문해력 향상'과 '학교 및 실생활 활용' 제목에 적용하시오.

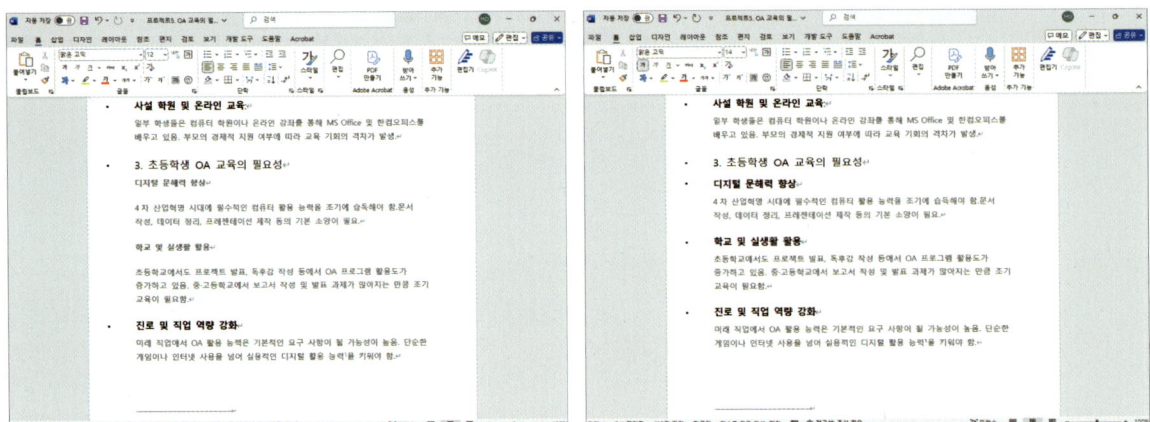

프로젝트 06. 계절 스포츠

| 예제 파일 : 2-프로젝트 06.docx | 완성 파일 : 2-프로젝트 06(완성).docx, 스포츠.docm

스포츠 센터에서 계절 스포츠를 안내하며 등록생을 모집하고 있습니다.

작업1 현재 문서에 '선(단순형)' 스타일 모음을 적용하시오.

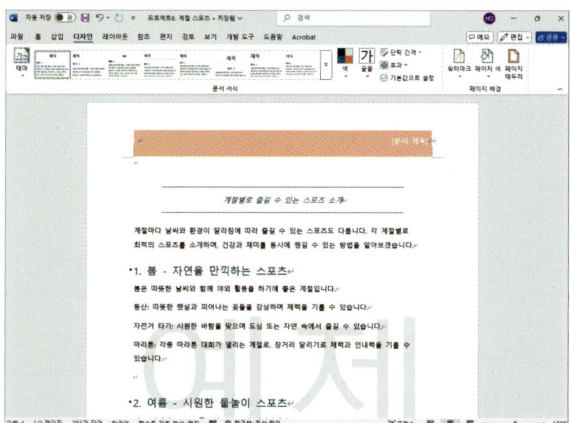 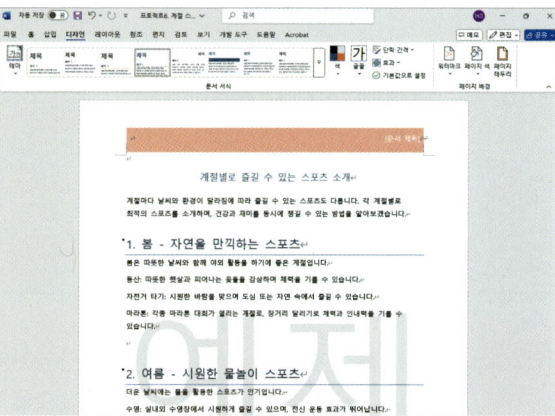

작업2 문서를 검사하고 머리글, 바닥글 및 워터마크가 발견되면 모두 제거하시오. 다른 검사 결과는 제거하지 마시오.

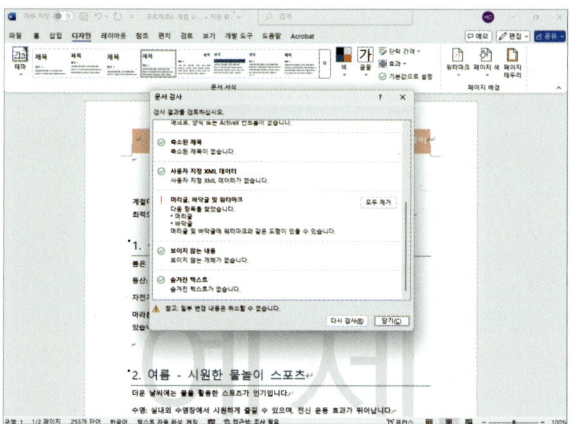 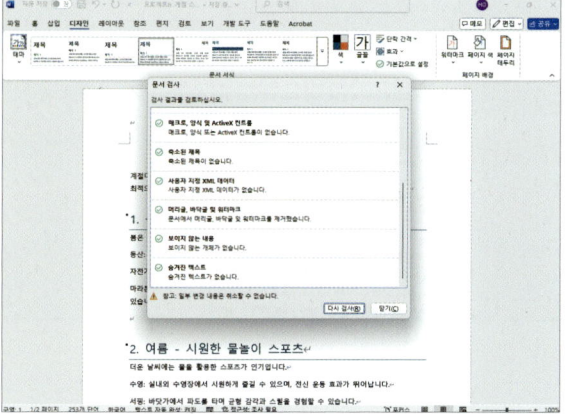

작업3 '3. 가을 - 활동적인 아웃도어 스포츠'로 시작하는 제목의 시작 부분에 다음 페이지부터 구역 나누기를 삽입하시오.

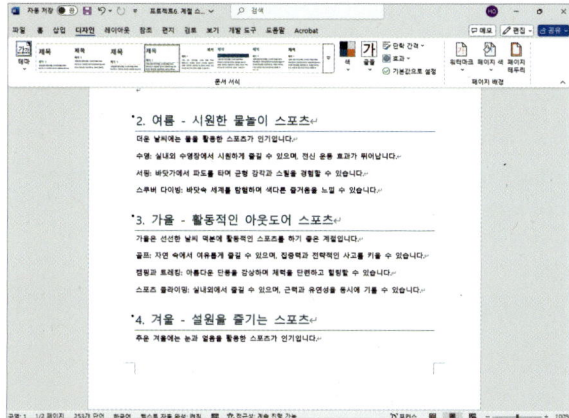 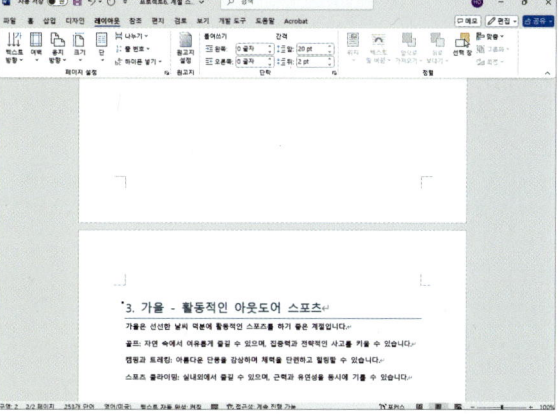

작업4 '등록 문의' 구역에서 글머리 기호 목록을 [실전 모의고사 2회\이미지] 폴더의 '축구공.png' 파일로 변경하시오.

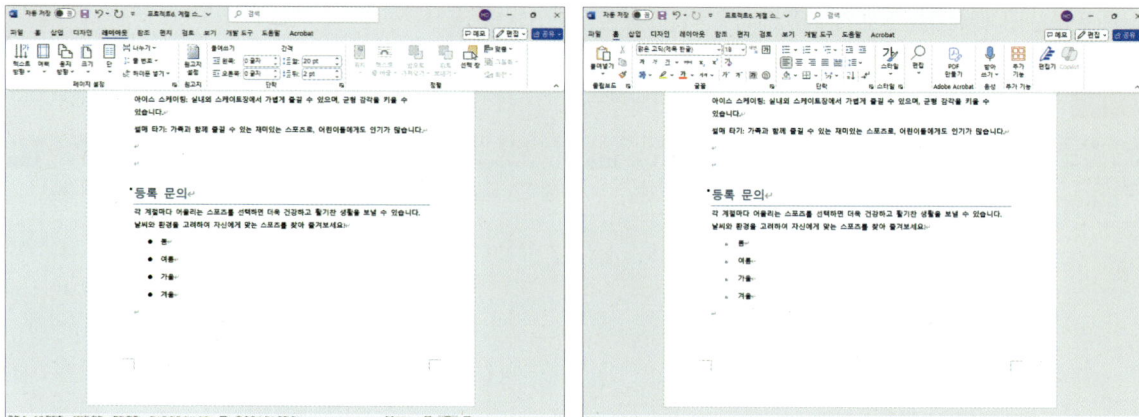

작업5 현재 문서를 '스포츠'라는 이름의 Word 매크로 사용 문서로 저장하시오. 다른 이름으로 저장 대화 상자에서 이 문서의 파일 암호화 옵션을 지정하시오. 열기 암호를 '123'으로 설정하여 [문서] 폴더에 저장하시오.

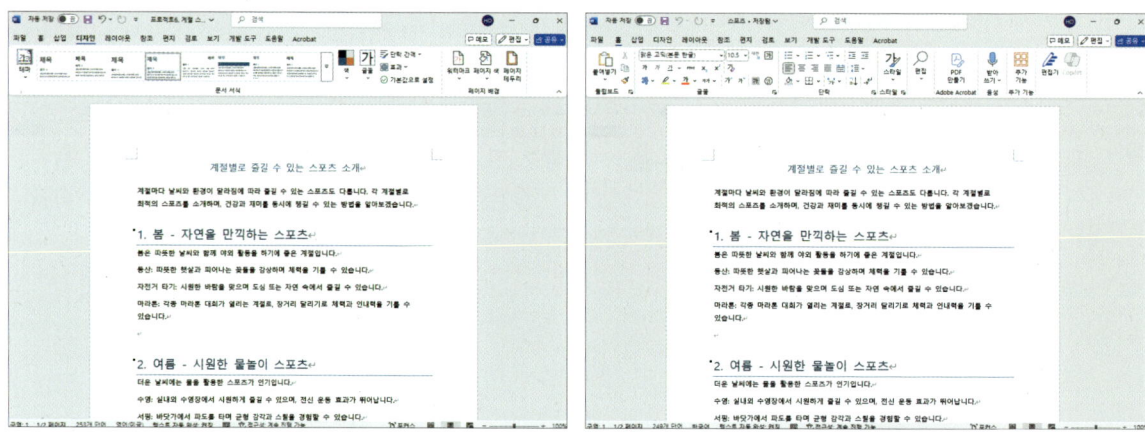

프로젝트 07. 건강한 인간 관계

예제 파일 : 2-프로젝트 07.docx | 완성 파일 : 2-프로젝트 07(완성).docx

건강한 인간 관계를 주제로 한 컨설팅 교육자료를 작성하고 있습니다.

작업1 '연번'을 기준으로 하여 오름차순으로 표 데이터를 정렬하시오.

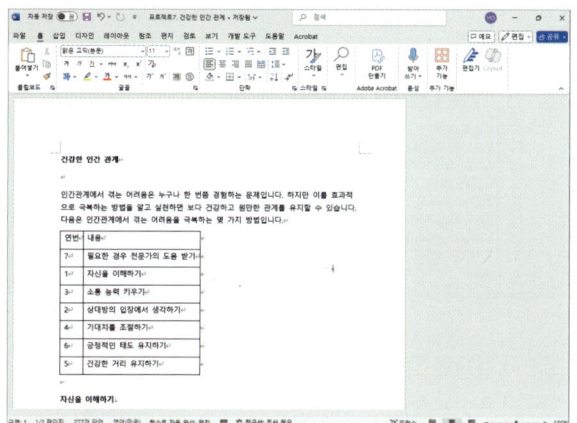 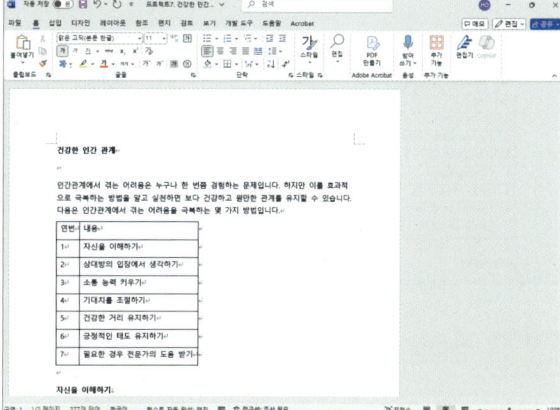

작업2 대체 텍스트 설명 '소통 능력 키우기'를 그림에 할당하시오.

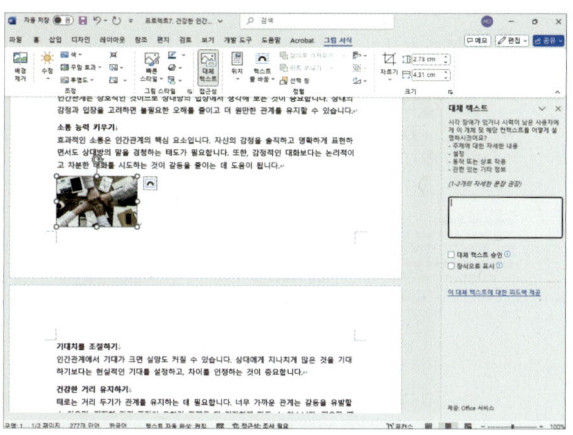 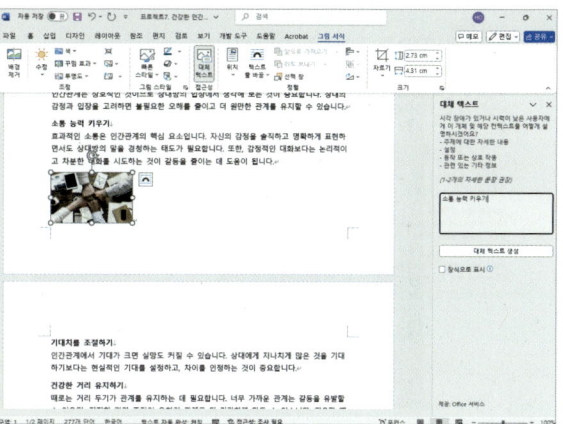

작업3 현재 문서의 메모에 '협의한 내용으로 수정 바람'으로 회신하시오.

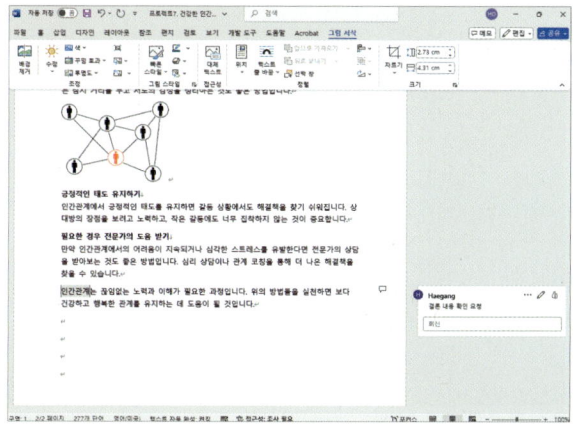 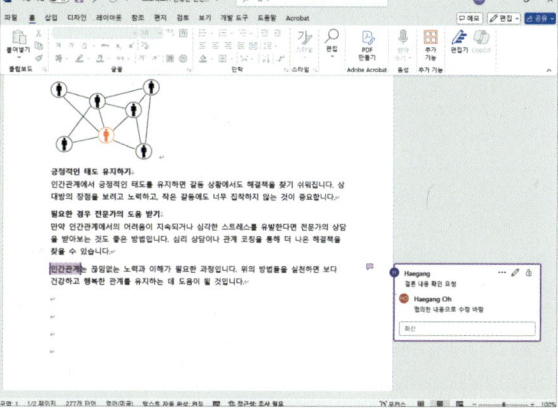

실전 모의고사 **147**

작업4 1 페이지 '건강한 인간 관계' 제목 텍스트 끝에 저작권 기호를 추가하시오.

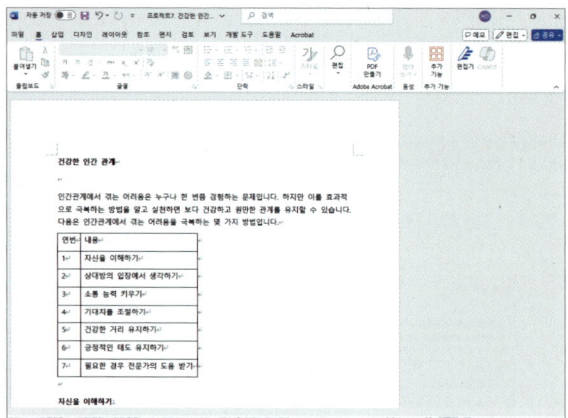 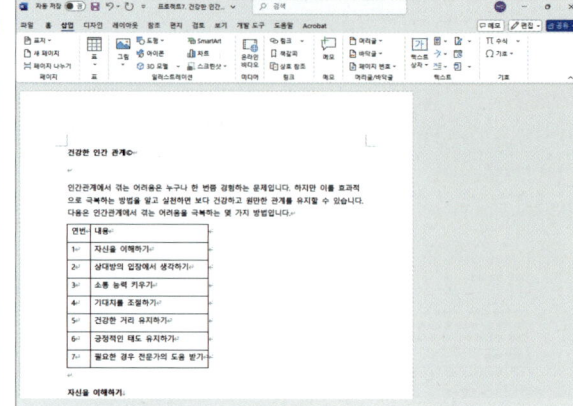

작업5 '건강한 거리 유지하기' 구역에서 '오프셋: 오른쪽 아래' 그림자 효과를 그림에 적용하시오.

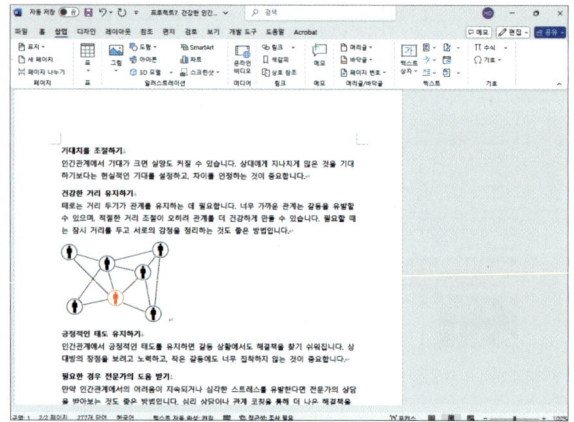 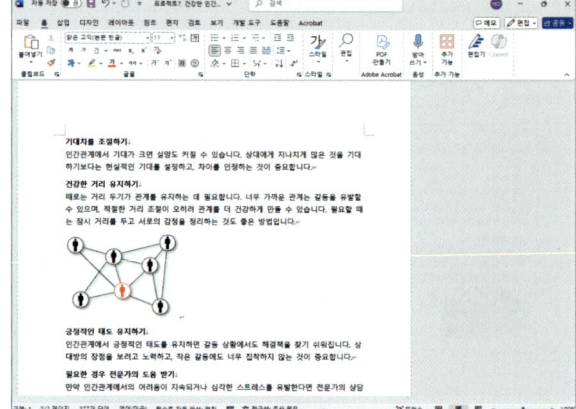

memo

PART 03

문제 해설

Word

CHAPTER 01

연습문제 및 실전 모의고사 해설

연습문제 해설

실전 모의고사 해설

CHAPTER 01 연습문제 해설

 연습-01-01
완성 파일 : 연습01-01(완성).docx

01 '홈페이지' 구역에 있는 화살표 아이콘에 문서의 위로 연결하는 링크를 삽입하시오.

❶ 화살표 모양의 아이콘을 클릭하고 [삽입] 탭 - [링크] 그룹 - [링크]를 클릭합니다.
❷ [하이퍼링크 삽입] 대화상자에서 연결 대상을 '현재 문서'로, 이 문서에서 위치 선택을 '문서의 위'로 선택한 후 [확인] 버튼을 클릭합니다.

02 단락 기호 및 기타 숨겨진 서식 기호 표시를 숨기시오.

❶ [홈] 탭 - [단락] 그룹 - [편집 기호 표시/숨기기]를 클릭합니다.

연습-01-02
완성 파일 : 연습01-02(완성).docx

01 문서의 모든 페이지에 '추억' 머리글을 표시하시오.

❶ [삽입] 탭 - [머리글/바닥글] 그룹 - [머리글]을 클릭합니다.
❷ '추억' 머리글을 클릭합니다.
❸ [머리글/바닥글] 탭 - [닫기] 그룹 - [머리글/바닥글 닫기]를 클릭합니다.

02 문서의 모든 페이지에 '급함 1' 워터마크를 표시하고, 모든 페이지에 색은 '황금색, 강조 4', 두께는 '3 pt'로 설정한 '그림자' 페이지 테두리를 추가하시오.

❶ [디자인] 탭 - [페이지 배경] 그룹 - [워터마크]의 '급함 1' 워터마크를 클릭합니다.
❷ [디자인] 탭 - [페이지 배경] 그룹 - [페이지 테두리]를 클릭합니다.
❸ [테두리 및 음영] 대화상자에서 두께를 '3 pt', 색을 '황금색, 강조 4'로 선택하고, 설정에서 '그림자'를 클릭한 후 [확인] 버튼을 클릭합니다.

연습-01-03

완성 파일 : 연습01-03(완성).docx, 초안.txt

01 문서 속성에서 범주를 '신입 교육'으로 설정하시오.

❶ [파일] 탭 - [정보] - [속성] - [고급 속성]을 클릭합니다.
❷ [속성] 대화상자에서 범주에 '신입 교육'을 입력하고 [확인] 버튼을 클릭합니다.

02 [문서] 폴더에 '초안'이라는 이름의 일반 텍스트 파일로 저장하시오. 모든 기본 설정을 적용하시오.

❶ [파일] 탭 - [다른 이름으로 저장] - [찾아보기]를 클릭합니다.
❷ [다른 이름으로 저장] 대화상자에서 파일 이름에 '초안'을 입력하고, 파일 형식을 '일반 텍스트'로 선택한 후 저장 위치를 [문서] 폴더로 지정합니다.
❸ [다른 이름으로 저장] 대화상자의 [저장] 버튼을 클릭합니다.

연습-01-04

완성 파일 : 연습01-04(완성).docx

01 문서를 검사하고 머리글, 바닥글 및 워터마크가 발견되면 모두 제거하시오. 다른 정보는 제거하지 마시오.

❶ [파일] 탭을 클릭한 후 [정보] - [문제 확인] - [문서 검사]를 클릭합니다.
❷ [문서 검사] 대화상자에서 [검사] 버튼을 클릭합니다.
❸ '머리글, 바닥글 및 워터마크' 검사 결과의 [모두 제거] 버튼을 클릭합니다.
❹ [문서 검사] 대화상자의 [닫기] 버튼을 클릭합니다.

02 이 문서의 최신 Microsoft 365 기능을 사용할 수 있도록 문서를 변환하여 호환성 모드에서 제거하시오.

❶ [파일] 탭 - [정보] - [변환]을 클릭합니다.
❷ 문서가 최신 파일 형식으로 업그레이드된다고 안내하는 대화상자의 [확인] 버튼을 클릭합니다.

CHAPTER 02 연습문제 해설

📝 연습-02-01 ———————————————————— 완성 파일 : 연습02-01(완성).docx

> 01 문서의 모든 '레시피' 텍스트를 글꼴 스타일을 '굵게 기울임꼴', 글꼴 색을 '주황, 강조'로의 '조리법' 텍스트로 바꾸시오.

❶ [홈] 탭 - [편집] 그룹 - [바꾸기]를 클릭합니다.
❷ [찾기 및 바꾸기] 대화상자에서 찾을 내용에 '레시피'를 입력하고 [자세히] 버튼을 클릭하여 '조사 자동 바꾸기'의 체크를 해제합니다.
❸ 바꿀 내용에 '조리법'을 입력하고 [서식] 버튼 - [글꼴]을 클릭합니다.
❹ [글꼴 바꾸기] 대화상자에서 글꼴 스타일을 '굵게 기울임꼴', 글꼴 색을 '주황, 강조 1'로 선택한 후 [확인] 버튼을 클릭합니다.
❺ [찾기 및 바꾸기] 대화상자에서 [모두 바꾸기] 버튼을 클릭합니다.
❻ 3개 항목이 바뀌었다고 안내하는 대화상자의 [확인] 버튼을 클릭합니다.
❼ [찾기 및 바꾸기] 대화상자의 [닫기] 버튼을 클릭합니다.

> 02 1 페이지의 제목 텍스트 '한국 음식 소개' 뒤에 등록 상표 기호를 추가하시오.

❶ 해당 위치를 클릭하고 [삽입] 탭 - [기호] 그룹 - [기호] - [다른 기호]를 클릭합니다.
❷ [기호] 대화상자의 [특수 문자] 탭에서 '등록 상표'를 선택하고 [삽입] 버튼을 클릭합니다.
❸ [기호] 대화상자의 [닫기] 버튼을 클릭합니다.

📝 연습-02-02 ———————————————————— 완성 파일 : 연습02-02(완성).docx

> 01 1 페이지 제목 '평생학습의 중요성과 올바른 공부 습관'에 미리 정의된 '채우기: 진한 청록, 강조색 1, 그림자' 텍스트 효과를 적용하시오.

❶ 1 페이지의 '평생학습의 중요성과 올바른 공부 습관' 제목 텍스트를 블록으로 지정합니다.
❷ [홈] 탭 - [글꼴] 그룹 - [텍스트 효과와 타이포그래피]를 클릭합니다.
❸ '채우기: 진한 청록, 강조색 1, 그림자' 텍스트 효과를 클릭합니다.

02 '3. 학습 전략과 시간 관리' 구역에 있는 '규칙적인 학습과 휴식 사이클을 활용하면 효과적' 텍스트에 적용된 모든 서식을 지우시오.

❶ 해당 구역의 '규칙적인 학습과 휴식 사이클을 활용하면 효과적' 텍스트를 블록으로 지정합니다.
❷ [홈] 탭 - [스타일 그룹]의 ▼ 버튼을 클릭하고 [서식 지우기]를 클릭합니다.

연습-02-03
완성 파일 : 연습02-03(완성).docx

01 문서에 '흑백(클래식)' 스타일 모음을 적용하고, '꽃을 사랑하는 특별한 클래스' 제목 텍스트에 '제목' 스타일을 적용하시오.

❶ [디자인] 탭 - [문서 서식] 그룹에서 '흑백(클래식)' 스타일 모음을 클릭합니다.
❷ '꽃을 사랑하는 특별한 클래스' 제목 텍스트를 블록으로 지정한 후 [홈] 탭 - [스타일] 그룹의 ▼ 버튼을 클릭하고 '제목' 스타일을 선택합니다.

연습-02-04
완성 파일 : 연습02-04(완성).docx

01 '평생학습의 중요성과 올바른 공부 습관'으로 시작하는 제목의 시작 부분에 이어서 구역 나누기를 삽입하시오. 해당 구역의 단락만 두 단으로 서식을 지정하고, 용지 방향을 가로로 변경하시오.

❶ '평생학습의 중요성과 올바른 공부 습관'으로 시작하는 제목의 시작 부분을 클릭하고 [레이아웃] 탭 - [페이지 설정] 그룹 - [나누기] - [이어서]를 클릭합니다.
❷ [레이아웃] 탭 - [페이지 설정] 그룹 - [단] - [둘]을 클릭합니다.
❸ [레이아웃] 탭 - [페이지 설정] 그룹 - [용지 방향] - [가로]를 클릭합니다.

CHAPTER 03 연습문제 해설

연습-03-01
완성 파일 : 연습03-01(완성).docx

01 '직장 내 괴롭힘 신고 사건 처리 경과' 구역에서 쉼표로 구분된 텍스트를 6열로 된 표로 변환하시오(정확한 열 너비는 중요하지 않음).

❶ 해당 텍스트를 블록으로 지정하고 [삽입] 탭 - [표] 그룹 - [표]를 클릭합니다.
❷ [텍스트를 표로 변환]을 클릭합니다.
❸ [텍스트를 표로 변환] 대화상자에서 열 개수에 '6'을 입력하고, 텍스트 구분 기호가 '쉼표'로 선택된 상태에서 [확인] 버튼을 클릭합니다.

02 '직장예절 안내문' 구역의 빈 단락에 2행 3열의 표를 삽입하고, 머리글 행에 '일자', '부서', '작성자'를 입력하시오.

❶ '직장예절 안내문' 제목 아래 빈 단락을 클릭하고 [삽입] 탭 - [표] 그룹 - [표] - [표 삽입]을 클릭합니다.
❷ [표 삽입] 대화상자에서 행 개수에 '2', 열 개수에 '3'을 입력하고 [확인] 버튼 클릭합니다.
❸ 표의 첫 번째 행에 '일자', '부서', '작성자'를 입력합니다.

연습-03-02
완성 파일 : 연습03-02(완성).docx

01 '학년'을 기준으로 하여 오름차순으로 표 데이터를 정렬하시오.

❶ 표를 선택하고 [표 레이아웃] 탭 - [데이터] 그룹 - [정렬]을 클릭합니다.
❷ [정렬] 대화상자에서 첫째 기준을 '학년'으로 선택하고, '오름차순'을 선택한 후 [확인] 버튼을 클릭합니다.

02 표의 '성명'과 '학년'의 열 너비가 같도록 조절하시오. '구분'과 '학과' 열의 너비는 변경되지 않아야 합니다.

❶ 표에서 '성명' 열과 '학년' 열을 블록으로 지정하여 모두 선택하고 [표 레이아웃] 탭 - [셀 크기] 그룹 - [열 너비를 같게]를 클릭합니다.

03 표의 첫 번째 행이 페이지마다 자동 반복이 이루어지도록 설정하시오.

❶ 표의 첫 번째 행을 블록으로 지정하여 선택하고 [표 레이아웃] 탭 - [데이터] 그룹 - [페이지마다 머리글 행 반복]을 클릭합니다.

연습-03-03
완성 파일 : 연습03-03(완성).docx

01 2 페이지 제목 아래 목록에 사용자 지정 글머리 기호를 사용하여 글머리 기호를 변경하시오. Segoe UI Symbol 기호 글꼴과 문자 코드 '23F0'(검은색 시계 기호)을 사용하시오.

❶ 2 페이지 제목 아래의 목록을 블록으로 지정한 후 [홈] 탭 - [단락] 그룹 - [글머리 기호]의 ✓ 버튼을 클릭합니다.
❷ [새 글머리 기호 정의]를 클릭합니다.
❸ [새 글머리 기호 정의] 대화상자의 [기호] 버튼을 클릭합니다.
❹ [기호] 대화상자에서 글꼴에 'Segoe UI Symbol'을 입력하고, 문자 코드에 '23F0'을 입력한 후 해당 기호가 선택되면 [확인] 버튼을 클릭합니다.
❺ [새 글머리 기호 정의] 대화상자의 [확인] 버튼을 클릭합니다.

02 1 페이지 제목 아래의 목록에 1부터 4까지 번호 매기기를 다시 시작하시오.

❶ 1 페이지 제목 아래 번호 목록을 블록으로 지정하고 [홈] 탭 - [단락] 그룹 - [번호 매기기]의 ✓ 버튼을 클릭합니다.
❷ [번호 매기기 값 설정]을 클릭합니다.
❸ [번호 매기기 값 설정] 대화상자에서 시작 번호에 '1'을 입력하고 [확인] 버튼을 클릭합니다.

CHAPTER 04 연습문제 해설

MOS 365 WORD

📄 연습-04-01 ──────────────────── 완성 파일 : 연습04-01(완성).docx

> **01** 1 페이지의 'SWOT 분석' 제목 뒤에 각주를 삽입하시오. '기업의 강점과 약점, 환경적 기회와 위협을 분석한 기법'이라는 각주 텍스트를 입력하시오.

❶ 'SWOT 분석' 제목 뒤를 클릭하고 [참조] 탭 - [각주] 그룹 - [각주 삽입]을 클릭합니다.
❷ 각주가 삽입되면 '기업의 강점과 약점, 환경적 기회와 위협을 분석한 기법'을 입력합니다.

> **02** 각주의 번호 서식을 별표(*)로 시작하는 기호 목록으로 변경하시오.

❶ 1 페이지 아래에 있는 각주를 클릭하고 [참조] 탭 - [각주] 그룹의 대화상자를 열어줍니다.
❷ [각주 및 미주] 대화상자에서 번호 서식의  버튼을 클릭하고 별표(*)로 시작하는 '*, †, ‡, §, …'를 선택한 후 [적용] 버튼을 클릭합니다.

📄 연습-04-02 ──────────────────── 완성 파일 : 연습04-02(완성).docx

> **01** 1 페이지의 파란색 텍스트 상자 안에 목차를 삽입하시오. '자동 목차 1' 스타일을 사용하시오.

❶ 1 페이지의 파란색 텍스트 상자를 선택하고 [참조] 탭 - [목차] 그룹 - [목차]를 클릭합니다.
❷ '자동 목차 1'을 클릭합니다.

연습문제 해설

 **연습-05-01** ──────────────── 완성 파일 : 연습05-01(완성).docx

01 1 페이지의 '독서, 인생의 변화를 가져오는 힘!' 제목 아래 단락에 [Chapter 05\이미지] 폴더의 '독서.jpg' 파일을 삽입하시오. 그림을 텍스트 줄 안으로 위치시키오.

❶ '독서, 인생의 변화를 가져오는 힘!' 제목 아래 단락을 클릭하고 [삽입] 탭 - [일러스트레이션] 그룹 - [그림]을 클릭합니다.
❷ [이 디바이스]를 클릭합니다.
❸ [그림 삽입] 대화상자의 [Chapter 05\이미지] 폴더에서 '독서.jpg' 파일을 선택하고 [삽입] 버튼을 클릭합니다.
❹ 삽입한 그림의 오른쪽 상단에 있는 [레이아웃 옵션]을 클릭한 후 '텍스트 줄 안'을 선택합니다.

02 2 페이지의 마지막 빈 단락에 '육각형 클러스터형' SmartArt 그래픽(관계형 범주)을 삽입하시오. 순서 상관없이 '목적', '내용', '시간'을 입력하시오.

❶ 2 페이지의 마지막 빈 단락을 클릭하고 [삽입] 탭 - [일러스트레이션] 그룹 - [SmartArt]를 클릭합니다.
❷ [SmartArt 그래픽 선택] 대화상자에서 '육각형 클러스터형' SmartArt 그래픽을 선택하고 [확인] 버튼을 클릭합니다.
❸ SmartArt 그래픽 육각형 도형에 '목적', '내용', '시간'을 입력합니다.

 **연습-05-02** ──────────────── 완성 파일 : 연습05-02(완성).docx

01 'SWOT 분석' 구역 표의 첫 번째 행에 있는 텍스트에 미리 정의된 '오프셋: 오른쪽 아래' 그림자 텍스트 효과를 적용하시오.

❶ 'SWOT 분석' 구역 표의 첫 번째 행을 블록으로 지정하여 선택하고 [홈] 탭 - [글꼴] 그룹 - [텍스트 효과와 타이포그래피]를 클릭합니다.
❷ [그림자]를 클릭하고 '오프셋: 오른쪽 아래'를 클릭합니다.

02 'SWOT 분석' 구역 표 아래에 있는 그림에 '부드러운 가장자리 - 25 포인트' 그림 효과를 적용하고, 그림에 '플라스틱 워프' 꾸밈 효과를 적용하시오.

❶ 'SWOT 분석' 구역 표 아래 그림을 클릭하고 [그림 서식] 탭 - [그림 스타일] 그룹 - [그림 효과]를 클릭합니다.
❷ [부드러운 가장자리]를 클릭하고 '25 포인트'를 선택합니다.
❸ [그림 서식] 탭 - [조정] 그룹 - [꾸밈 효과]를 클릭합니다.
❹ '플라스틱 워프' 꾸밈 효과를 선택합니다.

03 SmartArt 그래픽의 색을 '색상형 - 강조색'으로 변경하여 그 접근성을 개선하시오.

❶ 2 페이지에 있는 SmartArt 그래픽을 선택하고 [SmartArt 디자인] 탭 - [SmartArt 스타일] 그룹 - [색 변경]을 클릭합니다.
❷ '색상형 - 강조색'을 클릭합니다.

연습-05-03 — 완성 파일 : 연습05-03(완성).docx

01 1 페이지의 갈색 텍스트 상자 안에 '독서, 인생의 변화를 가져오는 힘' 텍스트를 입력하고 텍스트를 텍스트 상자의 가운데로 맞추시오. 텍스트의 서식을 '굵게', '20 pt'로 변경하시오.

❶ 1 페이지의 갈색 텍스트 상자를 클릭하고 '독서, 인생의 변화를 가져오는 힘'을 입력합니다.
❷ 입력한 텍스트를 블록으로 지정한 후 [홈] 탭 - [단락] 그룹에서 [가운데 맞춤]을 클릭합니다.
❸ [글꼴] 그룹 - [굵게]를 클릭하고, 글꼴 크기에 '20'을 입력합니다.

연습-05-04 — 완성 파일 : 연습05-04(완성).docx

01 1 페이지에 있는 꽃 그림이 첫 번째 제목으로 옮겨지도록 텍스트 줄 안으로 배치하시오.

❶ 1 페이지의 꽃 그림을 클릭하고 그림 오른쪽 상단에 표시되는 [레이아웃 옵션]을 클릭합니다.
❷ [레이아웃 옵션] 대화상자에서 '텍스트 줄 안'을 클릭합니다.

02 그림의 대체 텍스트 설정을 장식으로 표시하여 화면 읽기 프로그램이 무시되도록 구성하시오.

❶ 그림을 선택하고 [그림 서식] 탭 - [접근성] 그룹 - [대체 텍스트]를 클릭합니다.
❷ '장식으로 표시'에 체크합니다.

CHAPTER 06 연습문제 해설

연습-06-01
완성 파일 : 연습06-01(완성).docx

01 'SWOT 분석' 제목을 선택하고 '추가 내용 필요' 메모를 삽입하시오.

❶ 'SWOT 분석' 제목 텍스트를 블록으로 지정하고 [검토] 탭 - [메모] 그룹 - [새 메모]를 클릭합니다.
❷ 새 메모가 삽입되면 '추가 내용 필요'를 입력한 후 Ctrl + Enter 키를 누릅니다.

02 'STP 분석' 구역에서 텍스트 '타겟팅'에 연결된 메모를 삭제하시오.

❶ 'STP 분석' 구역에서 텍스트 '타겟팅'에 연결된 메모를 클릭하고 [검토] 탭 - [메모] 그룹 - [삭제] - [삭제]를 클릭합니다.

연습-06-02
완성 파일 : 연습06-02(완성).docx

01 모든 변경 사항을 추적하기 위해 추적 잠금 기능을 켜시오. 다른 작성자가 추적 잠금을 해제하기 전에 암호 '789'를 입력하도록 설정하시오.

❶ [검토] 탭 - [추적] 그룹 - [변경 내용 추적]을 클릭합니다.
❷ [추적 잠금]을 클릭합니다.
❸ [추적 잠금] 대화상자에서 암호 입력에 '789'를 입력하고, 확인을 위해 다시 입력에 '789'를 입력한 후 [확인] 버튼을 클릭합니다.

MOS 365 WORD
1회 실전 모의고사 해설

프로젝트 01. 오앤케이 금융

작업1

❶ [홈] 탭 - [편집] 그룹 - [바꾸기]를 클릭합니다.
❷ [찾기 및 바꾸기] 대화 상자의 [바꾸기] 탭에서 찾을 내용에 '내게 필요한'을 입력합니다.
참고 [자세히] 버튼을 클릭해 '조사 자동 바꾸기'의 체크를 해제합니다.
❸ 바꿀 내용에 '나에게 필요한'을 입력하고 [모두 바꾸기] 버튼을 클릭합니다.
❹ 5개 항목이 모두 바뀌었다고 안내하는 대화상자의 [확인] 버튼을 클릭합니다.
❺ [찾기 및 바꾸기] 대화상자의 [닫기] 버튼을 클릭합니다.

작업2

❶ '가입 현황' 구역 끝에 있는 전화기 모양의 아이콘을 선택합니다.
❷ [삽입] 탭 - [링크] 그룹 - [링크]를 클릭합니다.
❸ [하이퍼링크 삽입] 대화상자에서 연결 대상을 '현재 문서'로 선택합니다.
❹ 이 문서에서 위치 선택을 '문서의 위'로 선택하고 [확인] 버튼을 클릭합니다.
❺ Ctrl 키를 누른 상태에서 전화기 모양의 아이콘을 클릭하면 문서의 위로 이동하는 것을 확인할 수 있습니다.
참고 시험에서는 이 작업을 생략합니다.

작업3

❶ '가입 현황' 구역에서 탭으로 구분된 텍스트를 블록으로 지정하여 선택합니다.
❷ [삽입] 탭 - [표] 그룹 - [표]를 클릭합니다.
❸ [텍스트를 표로 변환]을 클릭합니다.
❹ [텍스트를 표로 변환] 대화상자에서 표 크기의 열 개수를 '2'로 입력하고, 텍스트 구분 기호를 '탭'으로 선택한 후에 [확인] 버튼을 클릭합니다.
❺ 탭으로 구분된 텍스트가 두 열로 된 표로 변환된 것을 확인할 수 있습니다.

작업4

❶ 3페이지 '서비스' 구역의 텍스트 '1,000P'에 연결된 메모를 선택합니다.
❷ 메모창의 […]을 클릭하여 [스레드 삭제]를 클릭합니다.

작업5

❶ 2페이지에 있는 녹색 텍스트 상자를 클릭합니다.
❷ '상품 설명서 참고' 텍스트를 입력합니다.

작업6

❶ 제목 텍스트 다음의 빈 단락을 클릭합니다.
❷ [참조] 탭 - [목차] 그룹 - [목차]를 클릭합니다.
❸ '자동 목차 2'를 클릭합니다.

프로젝트 02. 디지털마케팅

작업1

❶ 1페이지의 녹색 텍스트 상자를 선택하고 [참조] 탭 - [목차] 그룹 - [목차]를 클릭합니다.
❷ '자동 목차 1'을 선택합니다.

작업2

❶ '미래 디지털 전문가' 제목 다음의 두 단락을 블록으로 지정한 후 [레이아웃] 탭 - [페이지 설정] 그룹 - [단]을 클릭합니다.
❷ [둘]을 선택합니다.

작업3

❶ '모집 일정' 구역의 표를 선택합니다.
❷ [표 레이아웃] 탭 - [데이터] 그룹 - [텍스트로 변환]을 클릭합니다.
❸ [표를 텍스트로 변환] 대화상자에서 텍스트 구분 기호를 '탭'으로 선택하고 [확인] 버튼을 클릭합니다.

작업4

❶ [파일] 탭 - [정보] - [속성] - [고급 속성]을 클릭합니다.
❷ [속성] 대화상자에서 범주에 '마케팅'을 입력하고 [확인] 버튼을 클릭합니다.

프로젝트 03. 평생학습

작업1

❶ [삽입] 탭 - [머리글/바닥글] 그룹 - [머리글]을 클릭합니다.
❷ '품격' 머리글을 선택합니다.
❸ [머리글/바닥글] 탭 - [닫기] 그룹 - [머리글/바닥글 닫기]를 클릭합니다.

작업2

❶ 1 페이지 오른쪽 상단에 있는 '개인의 성장과 변화' 텍스트를 블록으로 지정합니다.
❷ [홈] 탭 - [글꼴] 그룹 - [텍스트 효과와 타이포그래피]를 클릭합니다.
❸ '채우기: 옥색, 강조색 4, 부드러운 입체' 텍스트 효과를 선택합니다.

작업3

❶ 표의 첫 번째 행의 셀을 블록으로 지정하고 [표 레이아웃] 탭 - [병합] 그룹 - [셀 분할]을 클릭합니다.
❷ [셀 분할] 대화상자에서 열 개수에 '2'를 입력하고 [확인] 버튼을 클릭합니다.

작업4

❶ 2 페이지 표 아래에 빈 단락을 클릭하고 [삽입] 탭 - [일러스트레이션] 그룹 - [그림]을 클릭합니다.
❷ [이 디바이스]를 클릭합니다.
❸ [그림 삽입] 대화상자의 [실전 모의고사 1회\사진] 폴더에서 '평생학습.jpg' 파일을 선택하고 [삽입] 버튼을 클릭합니다.
❹ 삽입한 그림의 오른쪽 상단에 [레이아웃 옵션]을 클릭하여 '텍스트 줄 안'을 선택합니다.

프로젝트 04. 한국 음식 소개

작업1

❶ [홈] 탭 - [단락] 그룹 - [편집 기호 표시/숨기기]를 클릭합니다.

작업2

❶ '비빔밥 레시피' 텍스트를 블록으로 지정한 후 [홈] 탭 - [스타일] 그룹에서 '제목 2' 스타일을 선택합니다.

작업3

❶ '한국 음식 소개' 제목 아래 세 단락을 블록으로 지정한 후 [홈] 탭 - [단락] 그룹 - [글머리 기호]를 클릭합니다.

작업4

❶ 문서 마지막 페이지에 있는 텍스트 상자의 텍스트를 블록으로 지정한 후 [홈] 탭 - [글꼴] 그룹에서 글꼴 크기에 '20 pt'를 입력하고 [굵게], [기울임꼴]을 클릭합니다.

❷ [홈] 탭 - [단락] 그룹에서 [가운데 맞춤]을 클릭합니다.

작업5

❶ '불고기 만드는 레피시' 제목을 블록으로 지정하고 [검토] 탭 - [메모] 그룹 - [새 메모]를 클릭합니다.

❷ 새 메모가 삽입되면 '조리 과정 추가'를 입력하고 [Ctrl] + [Enter] 키를 누릅니다.

프로젝트 05. 비즈니스

작업1

❶ 2 페이지 가운데 단을 블록으로 지정하고 [홈] 탭 - [단락] 그룹 - [선 및 단락 간격]을 클릭합니다.
❷ [줄 간격 옵션]을 클릭합니다.
❸ [단락] 대화상자에서 줄 간격의 값을 '1.2'로 입력하고 [확인] 버튼을 클릭합니다.

작업2

❶ '커리큘럼' 구역에 있는 표를 선택한 후 [표 레이아웃] 탭 - [맞춤] 그룹 - [셀 여백]을 클릭합니다.
❷ [표 옵션] 대화상자에서 기본 셀 여백 왼쪽에 '0'을 입력하고 [확인] 버튼을 클릭합니다.

작업3

❶ [참조] 탭 - [각주] 그룹의 대화상자를 열어줍니다.
❷ [각주 및 미주] 대화상자에서 위치를 '미주'로 선택합니다.
❸ 번호 서식의 ☑ 버튼을 클릭하고 별표(*)로 시작하는 '*, †, ‡, §, …'를 선택한 후 [적용] 버튼을 클릭합니다.

작업4

❶ 2 페이지의 그림을 선택하고 [그림 서식] 탭 - [조정] 그룹 - [꾸밈 효과]를 클릭합니다.
❷ '파스텔 부드럽게' 꾸밈 효과를 선택합니다.

작업5

❶ 1 페이지에 있는 메모를 마우스 오른쪽 버튼으로 클릭하고 바로 가기 메뉴에서 [메모 해결]을 선택합니다.

프로젝트 06. 독서

작업1

1. [파일] 탭 - [다른 이름으로 저장] - [찾아보기]를 클릭합니다.
2. 저장 위치를 [문서] 폴더로 선택하고 파일 이름에 '변화'를 입력합니다.
3. 파일 형식을 '일반 텍스트'로 선택한 후 [저장] 버튼을 클릭합니다.

참고 이 프로젝트에는 작업이 하나만 있습니다.

프로젝트 07. 자기소개서

작업1

1. [파일] 탭 - [정보] - [변환]을 클릭합니다.
2. 문서가 최신 파일 형식으로 업그레이드된다고 안내하는 대화상자의 [확인] 버튼을 클릭합니다.

참고 이 프로젝트에는 작업이 하나만 있습니다. 이 문서의 최신 Microsoft 365 기능을 사용할 수 있어야 합니다.

프로젝트 08. 신입사원 교육

작업1

1. [검토] 탭 - [추적] 그룹 - [변경 내용 추적]을 클릭합니다.
2. [추적 잠금]을 클릭합니다.
3. [추적 잠금] 대화상자에서 암호 입력에 '1357'을 입력한 후, 확인을 위해 다시 입력에 '1357'을 입력하고 [확인] 버튼을 클릭합니다.

참고 이 프로젝트에는 작업이 하나만 있습니다.

프로젝트 09. 에듀케이션

작업1

❶ '127' 텍스트에 연결된 메모를 마우스 오른쪽 버튼으로 클릭하고 바로 가기 메뉴에서 [메모에 회신]을 클릭합니다.
❷ 메모에 '127이 맞습니다.'를 입력하고 Ctrl + Enter 키를 누릅니다.

작업2

❶ 표를 선택하고 [표 레이아웃] 탭 - [데이터] 그룹 - [정렬]을 클릭합니다.
❷ [정렬] 대화상자에서 선택한 범위의 첫 행을 '머리글 행'으로 선택합니다.
❸ 첫째 기준을 '자격증 취득'으로 선택하고, '오름차순'을 선택한 후 [확인] 버튼을 클릭합니다.

작업3

❶ 2 페이지의 그림을 선택하고 [그림 서식] 탭 - [접근성] 그룹 - [대체 텍스트]를 클릭합니다.
❷ [대체 텍스트] 대화상자에서 '장식으로 표시'에 체크합니다.

작업4

❶ [디자인] 탭 - [문서 서식] 그룹에서 '흑백(클래식)' 스타일을 클릭합니다.

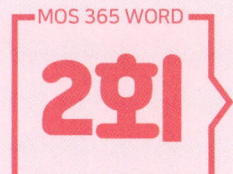

2회 실전 모의고사 해설

프로젝트 01. 직장 예절

작업1

❶ '기획정보처' 행을 클릭하고 [표 레이아웃] 탭 - [병합] 그룹 - [표 분할]을 클릭합니다.

작업2

❶ [파일] 탭 - [정보] - [문제 확인] - [문서 검사]를 클릭합니다.
❷ 문서 검사 주의 사항을 안내하는 대화상자의 [예] 버튼을 클릭합니다.
❸ [문서 검사] 대화상자의 [검사] 버튼을 클릭합니다.
❹ 발견된 '문서 속성 및 개인 정보'의 [모두 제거] 버튼을 클릭하고 [닫기] 버튼을 클릭합니다.

작업3

❶ '직장 예절' 구역을 블록으로 지정하여 모두 선택하고 [레이아웃] 탭 - [페이지 설정] 그룹 - [단] - [기타 단]을 클릭합니다.
❷ [단] 대화상자의 미리 설정을 '왼쪽'으로 선택하고 [확인] 버튼을 클릭합니다.

작업4

❶ [디자인] 탭 - [페이지 배경] 그룹 - [페이지 테두리]를 클릭합니다.
❷ [테두리 및 음영] 대화상자의 [페이지 테두리] 탭에서 두께를 '3 pt', 색을 '연한 파랑'으로 선택하고 '상자' 테두리를 선택한 후 [확인] 버튼을 클릭합니다.

프로젝트 02. 교과목 개설 요청

작업1

❶ [레이아웃] 탭 - [페이지 설정] 그룹 - [크기] - [A4]를 클릭합니다.

작업2

❶ [홈] 탭 - [편집] 그룹 - [바꾸기]를 클릭합니다.
❷ [찾기 및 바꾸기] 대화상자의 [바꾸기] 탭에서 찾을 내용에 '교과목'을 입력하고, 바꿀 내용에도 '교과목'을 입력합니다.
❸ [자세히] 버튼을 클릭하고 [서식] 버튼 - [글꼴]을 클릭합니다.
❹ [글꼴 바꾸기] 대화상자에서 글꼴 스타일을 '굵게', 글꼴 색을 '빨강'으로 선택한 후 [확인] 버튼을 클릭합니다.
❺ [찾기 및 바꾸기] 대화상자의 [모두 바꾸기] 버튼을 클릭합니다.
❻ 10개의 항목이 모두 바뀌었다고 안내하는 대화상자의 [확인] 버튼을 클릭합니다.
❼ [찾기 및 바꾸기] 대화상자의 [닫기] 버튼을 클릭합니다.

작업3

❶ '이수과정 로드맵' 구역에 있는 표의 첫 번째 행을 클릭하고 [표 레이아웃] 탭 - [데이터] 그룹 - [페이지마다 머리글 행 반복]을 클릭합니다.

작업4

❶ [검토] 탭 - [추적] 그룹 - [적용] - [변경 내용을 모두 적용하고 추적 중지]를 클릭합니다.

프로젝트 03. AI 미래교육

작업1

❶ '기술 발전 방향' 구역의 그림을 클릭하고 그림의 오른쪽 상단에 있는 [레이아웃 옵션]을 클릭합니다.
❷ [레이아웃 옵션] 대화상자에서 텍스트 배치의 '정사각형'을 클릭합니다.

작업2

❶ '6. 결론' 제목의 시작 부분을 클릭하고 [레이아웃] 탭 - [페이지 설정] 그룹 - [나누기] - [다음 페이지부터]를 클릭합니다.

작업3

❶ '단점' 구역의 번호 목록을 블록으로 지정하고 [홈] 탭 - [단락] 그룹 - [번호 매기기]의 ☑ 버튼을 클릭합니다.
❷ [번호 매기기 값 설정]을 클릭합니다.
❸ [번호 매기기 값 설정] 대화상자에서 시작 번호에 '1'을 입력하고 [확인] 버튼을 클릭합니다.

작업4

❶ '기술 발전 방향' 구역의 그림를 클릭하고 [그림 서식] 탭 - [조정] 그룹의 [배경 제거]를 클릭합니다.
❷ [배경 제거] 탭 - [닫기] 그룹 - [변경 내용 유지]를 클릭합니다.

작업5

❶ [디자인] 탭 - [페이지 배경] 그룹 - [워터마크]를 클릭합니다.
❷ '초안 2' 워터마크를 클릭합니다.

프로젝트 04. 사이버대학의 발전

작업1

❶ '사이버대학교의 역사' 구역에 있는 표의 '구분'과 '내용' 열을 블록으로 지정하여 모두 선택하고 [표 레이아웃] 탭 - [셀 크기] 그룹 - [열 너비를 같게]를 클릭합니다.

작업2

❶ '사이버대학교의 역사' 구역에 있는 표의 첫 번째 행을 블록으로 지정하여 선택하고 [홈] 탭 - [글꼴] 그룹에서 대화상자를 열어줍니다.
❷ [글꼴] 대화상자에서 [텍스트 효과] 버튼을 클릭합니다. [텍스트 효과 서식] 대화상자에서 [텍스트 효과] - [▷ 그림자] - [미리 설정]을 클릭합니다.
❸ '오프셋: 오른쪽' 그림자 텍스트 효과를 클릭한 후 [텍스트 효과 서식] 대화상자의 [확인] 버튼을 클릭합니다.
❹ [글꼴] 대화상자의 [확인] 버튼을 클릭합니다.

작업3

❶ 1 페이지에 있는 SmartArt 그래픽을 선택하고 [SmartArt 디자인] 탭 - [SmartArt 스타일] 그룹 - [색 변경]을 클릭합니다.
❷ 기본 테마 색에 있는 '어두운 색 2 채우기'를 클릭합니다.

작업4

❶ 2 페이지에서 사용자 지정 글머리 기호를 블록으로 지정하고 [홈] 탭 - [단락] 그룹 - [글머리 기호]의 ✔ 버튼을 클릭합니다.
❷ [새 글머리 기호 정의]를 클릭합니다.
❸ [새 글머리 기호 정의] 대화상자의 [기호] 버튼을 클릭합니다.
❹ [기호] 대화상자에서 글꼴에 'Segoe UI Symbol'을 입력하고 문자 코드에 '263A'를 입력한 후 해당 기호가 선택되면 [확인] 버튼을 클릭합니다.
❺ [새 글머리 기호 정의] 대화상자의 [확인] 버튼을 클릭합니다.

프로젝트 05. OA 교육의 필요성

작업1

❶ '진로 및 직업 역량 강화' 구역의 '디지털 활용 능력' 뒤를 클릭하고 [참조] 탭 - [각주] 그룹 - [각주 삽입]을 클릭합니다.
❷ 각주에 '홈페이지를 참고하세요.'를 입력합니다.

작업2

❶ 문서 마지막의 빈 단락을 클릭하고 [삽입] 탭 - [일러스트레이션] 그룹 - [SmartArt]를 클릭합니다.
❷ [SmartArt 그래픽 선택] 대화상자에서 '원형 화살표 프로세스형' SmartArt 그래픽을 선택하고 [확인] 버튼을 클릭합니다.
❸ SmartArt 그래픽 도형에 '기초', '응용', '심화'를 입력합니다.

작업3

❶ 2 페이지에서 'OA 교육을 통해 사회적 불평등을 완화' 텍스트를 블록으로 지정합니다.
❷ [홈] 탭 - [스타일 그룹]의 ▼ 버튼을 클릭하고 [서식 지우기]를 클릭합니다.

작업4

❶ '교육 현황' 구역의 빈 단락을 클릭하고 [삽입] 탭 - [표] 그룹 - [표]를 클릭합니다.
❷ [표 삽입]을 클릭합니다.
❸ [표 삽입] 대화상자에서 행 개수에 '5', 열 개수에 '2'를 입력하고 [확인] 버튼을 클릭합니다.
❹ 표의 첫 번째 행에 '구분', '내용'을 입력합니다.

작업5

❶ [파일] 탭 - [정보] - [속성] - [고급 속성]을 클릭합니다.
❷ [속성] 대화상자에서 제목에 'OA교육', 회사에 '오앤케이에듀'를 입력하고 [확인] 버튼을 클릭합니다.

작업6

❶ 2 페이지에서 '디지털 문해력 향상' 제목 텍스트를 블록으로 지정하고 [홈] 탭 - [스타일] 그룹의 ▼ 버튼을 클릭한 후 '제목 2' 스타일을 클릭합니다.
❷ 마찬가지로 '학교 및 실생활 활용' 제목 텍스트를 블록으로 지정하고 [홈] 탭 - [스타일] 그룹의 ▼ 버튼을 클릭한 후 '제목 2' 스타일을 클릭합니다.

프로젝트 06. 계절 스포츠

작업1

❶ [디자인] 탭 - [문서 서식] 그룹에서 '선(단순형)' 스타일을 클릭합니다.

작업2

❶ [파일] 탭 - [정보] - [문제 확인] - [문서 검사]를 클릭합니다.
❷ 문서 검사 주의 사항을 안내하는 대화상자의 [예] 버튼을 클릭합니다.
❸ [문서 검사] 대화상자의 [검사] 버튼을 클릭합니다.
❹ '머리글, 바닥글 및 워터마크'의 [모두 제거] 버튼을 클릭하고 [닫기] 버튼을 클릭합니다.

작업3

❶ '3. 가을 - 활동적인 아웃도어 스포츠'로 시작하는 제목의 시작 부분을 클릭하고 [레이아웃] 탭 - [페이지 설정] 그룹 - [나누기] - [다음 페이지부터]를 클릭합니다.

작업4

❶ '등록 문의' 구역에서 글머리 기호를 블록으로 지정하여 선택하고 [홈] 탭 - [단락] 그룹 - [글머리 기호]의 ⌄ 버튼을 클릭합니다.
❷ [새 글머리 기호 정의]를 클릭하고 [새 글머리 기호 정의] 대화상자의 [그림] 버튼을 클릭합니다.
❸ [그림 삽입] 대화상자의 [파일에서]를 클릭합니다.
❹ [그림 삽입] 대화상자에서 [실전 모의고사 2회\이미지] 폴더에 있는 '축구공.png' 파일을 선택하고 [삽입] 버튼을 클릭합니다.
❺ [새 글머리 기호 정의] 대화상자의 [확인] 버튼을 클릭합니다.

작업5

❶ [파일] 탭 - [다른 이름으로 저장] - [찾아보기]를 클릭합니다.
❷ [다른 이름으로 저장] 대화상자에서 파일 이름을 '스포츠'로 입력하고, 파일 형식을 'Word 매크로 사용 문서', 저장 위치를 [문서] 폴더로 지정합니다.
❸ 암호를 지정하기 위해 [도구] 버튼 - [일반 옵션]을 클릭합니다.
❹ [일반 옵션] 대화상자에서 열기 암호에 '123'을 입력하고 [확인] 버튼을 클릭합니다.
❺ [암호 확인] 대화상자에 '123'을 입력하고 [확인] 버튼을 클릭합니다.
❻ [다른 이름으로 저장] 대화상자의 [저장] 버튼을 클릭합니다.

프로젝트 07. 건강한 인간 관계

작업1
❶ 표를 선택하고 [표 레이아웃] 탭 - [데이터] 그룹 - [정렬]을 클릭합니다.
❷ [정렬] 대화상자에서 [선택한 범위의 첫 행]을 '머리글 행'으로 선택합니다.
❸ 첫째 기준을 '연번'으로 선택하고, '오름차순'을 선택한 후 [확인] 버튼을 클릭합니다.

작업2
❶ 그림을 선택하고 [그림 서식] 탭 - [접근성] 그룹 - [대체 텍스트]를 클릭합니다.
참고 '소통 능력 키우기' 구역의 그림을 선택합니다.
❷ [대체 텍스트] 대화상자에 '소통 능력 키우기'를 입력하여 대화상자를 닫아줍니다.

작업3
❶ '인간관계' 텍스트에 연결되어 있는 메모를 마우스 오른쪽 버튼으로 클릭하고 바로 가기 메뉴에서 [메모에 회신]을 클릭합니다.
❷ 메모에 '협의한 내용으로 수정 바람'을 입력하고 Ctrl + Enter 키를 누릅니다.

작업4
❶ 1 페이지 '건강한 인간 관계' 제목 텍스트의 끝을 클릭하고 [삽입] 탭 - [기호] 그룹 - [기호] - [다른 기호]를 클릭합니다.
❷ [기호] 대화상자의 [특수 문자] 탭에서 '저작권'을 선택하고 [삽입] 버튼을 클릭합니다.
❸ [기호] 대화상자의 [닫기] 버튼을 클릭합니다.

작업5
❶ '건강한 거리 유지하기' 구역의 그림을 선택하고 [그림 서식] 탭 - [그림 스타일] 그룹 - [그림 효과]를 클릭합니다.
❷ [그림자]를 클릭하고 '오프셋: 오른쪽 아래'를 선택합니다.

MOS 365 Word Associate

초 판 발 행	2025년 06월 27일
발 행 인	박영일
책 임 편 집	이해욱
저 자	김경희 · 오해강
편 집 진 행	정민아
표 지 디 자 인	김경모
편 집 디 자 인	김지현
발 행 처	시대인
공 급 처	(주)시대고시기획
출 판 등 록	제 10-1521호
주 소	서울시 마포구 큰우물로 75 [도화동 538 성지 B/D] 9F
전 화	1600-3600
팩 스	02-701-8823
홈 페 이 지	www.edusd.co.kr

I S B N	979-11-383-9443-7 [13000]
정 가	15,000원

※이 책은 저작권법의 보호를 받는 저작물이므로 동영상 제작 및 무단전재와 배포를 금합니다.
※잘못된 책은 구입하신 서점에서 바꾸어 드립니다.